MARCO ✛ POLO

Reisen mit
Insider Tipps

SCHWEDEN

W0180440

Europäisches
Nordmeer

SCHWEDEN   **RUSSLAND**

NOR-   **FINNLAND**
WEGEN   Helsinki
            Oslo○ ○Sankt
                Stockholm○ ○Petersburg
                ESTLAND
                LETTLAND
DÄNEMARK   **LITAUEN**
                RUS
    Hamburg○ **POLEN**
    D.

**MARCO POLO Koautor
Bruno Kaufmann**

Der Schweizer Journalist berichtet seit rund 25 Jahren in Radio und Presse über die Entwicklung in Nordeuropa. Auf seinen vielen Reisen hat der Bahn- und Fahrradfan Schweden besser kennen- und schätzen gelernt als die meisten Einheimischen. Einen großen Teil des Jahres lebt er in Falun, doch die langen Sommertage verbringt er mit seiner Familie am liebsten am malerischen Arboga-Fluss.

www.marcopolo.de/schweden

Die besten Insider-Tipps → S. 4

INSIDER TIPP

Stockholm → S. 32

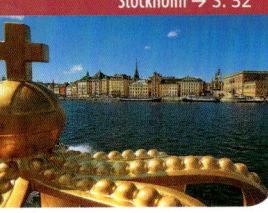

Der Süden → S. 44

Die Westküste → S. 56

SYMBOLE

INSIDER TIPP Insider-Tipp

★ Highlight

●●●● Best of ...

☆ Schöne Aussicht

☺ Grün & fair: für ökologische oder faire Aspekte

(*) kostenpflichtige Telefonnummer

PREISKATEGORIEN HOTELS

€€€ über 130 Euro

€€ 70 – 130 Euro

€ unter 70 Euro

Die Preise gelten für zwei Personen im Doppelzimmer mit Frühstück

PREISKATEGORIEN RESTAURANTS

€€€ über 20 Euro

€€ 14 – 20 Euro

€ unter 14 Euro

Die Preise gelten für eine Hauptspeise zum Abendessen

Titelthemen: Tausende Schären vor Stockholm S. 43 | Golfen auf Eis in Arvidsjaur S. 108

INHALT

Mittelschweden → S. 68

Der mittlere Norden → S. 80

Der Norden → S. 92

Reiseatlas → S. 130

GUT ZU WISSEN
Geschichtstabelle → S. 12
Schwedische Spezialitäten
→ S. 26
Snusen erlaubt → S. 66
Bücher & Filme → S. 90
Samen → S. 96
Was kostet wie viel? → S. 121
Währungsrechner → S. 122
Wetter in Stockholm → S. 125

KARTEN IM BAND
(132 A1) Seitenzahlen
und Koordinaten verweisen
auf den Reiseatlas
(0) Ort/Adresse liegt außerhalb des Kartenausschnitts
Es sind auch die Objekte mit
Koordinaten versehen, die
nicht im Reiseatlas stehen
(U A1) Koordinaten für die
Karte von Stockholm im hinteren Umschlag

**UMSCHLAG HINTEN:
FALTKARTE ZUM
HERAUSNEHMEN →**

FALTKARTE
(A–B 2–3) verweist auf
die herausnehmbare Falt-
karte
(a–b 2–3) verweist auf
die Zusatzkarte auf der Faltkarte

Die besten MARCO POLO Insider-Tipps

Von allen Insider-Tipps finden Sie hier die 15 besten

INSIDER TIPP Sonnenbad auf den Klippen
Im Sommer auf den warmen Felsen im Strandbad Brunnsviken in der Stockholmer Innenstadt liegen – und ab und zu ins Wasser springen → S. 39

INSIDER TIPP Krimispaziergänge
Für Stieg-Larsson-Fans: Mit einem „Millenium"-Stadtplan ausgerüstet oder bei speziellen Stadtführungen wandeln sie auf den Spuren der Romanhelden Mikael Blomkvist und Lisbeth Salander durch Stockholm → S. 39

INSIDER TIPP Jenseits des Mainstream
In der Mosebacke-Konzertbar auf Södermalm spielen etablierte Musiker neben aufstrebenden Talenten → S. 40

INSIDER TIPP Im Glashaus schlafen
100 Tonnen Glas sind im Kosta Boda Art Hotel in Växjö verbaut. Ein Meisterstück schwedischer Glasmacherkunst → S. 51

INSIDER TIPP Plattenbau auf Schwedisch
Der Stockholmer Vorort Vällingby war der erste Versuch in Europa, außerhalb eines historischen Stadtzentrums eine moderne Satellitenstadt zu bauen – und bietet bis heute Anschauungsunterricht → S. 43

INSIDER TIPP Großstadt-Paddeltour
Wer im Kanu durch die Stockholmer Schären paddelt, ist mit der Stadt auf einer Wellenlänge → S. 39

INSIDER TIPP Die Stadt zu Füßen
Vom Café im Göteborger Wasserturm haben Sie eine perfekte Aussicht auf die Stadt → S. 58

INSIDER TIPP Wohnen, wo andere malen
Lassen Sie sich in den Gästeateliers des Nordischen Aquarellmuseums auf der Insel Tjörn inspirieren, wo das Zusammenkommen von Wasser, Himmel und Land unzählige Motive hergibt → S. 63

INSIDER TIPP Kulinarisches mit Blick auf Stockholmer Schönheiten

Wo früher Güter über Ladeluken in das Zollhaus am Hafen geladen wurden, bieten sich heute phantastischen Sichten (Foto li.) auf die Altstadt, Skeppsholmen und Djurgården. In der Bar im obersten Stock des Fotografischen Museums wird nicht nur Visuelles, sondern auch Kulinarisches geboten → S. 35

INSIDER TIPP Sundsvall von oben

Eine historische Stadtwanderung führt auf kleinen Pfaden in schwindelerregenden 28 m Höhe über die Dächer der prachtvollen Innenstadt → S. 90

INSIDER TIPP Lunch Beat

Abfeiern statt rumhängen. Beim Lunch Beat werden Essen und Tanzen verbunden und in der kurzen Mittagspause Energie pur getankt. Was im Jahr 2010 in einer Stockholmer Garage begann, gibt es heute an immer mehr Orten im ganzen Land → S. 39

INSIDER TIPP Fische fangen beim Ministerpräsidenten

Im Strom zwischen Reichstag und Regierungssitz darf geangelt werden → S. 107

INSIDER TIPP Malen und Wohnen um 1900

Im Zornmuseet und Zorngården in Mora können sich Kunstfans auf die Spuren von Anders Zorn begeben, einem der bekanntesten schwedischen Maler → S. 84

INSIDER TIPP Cool Golfen

Der Winter kann kommen: Im lappländischen Arvidsjaur wird Golf zur Abwechslung mal nicht auf Rasen, sondern auf Eis gespielt → S. 108

INSIDER TIPP Peace & Love

Musikalischer Sommerbeginn für Rock- und Popfans aus ganz Europa beim Festival in der mittelschwedischen Industriestadt Borlänge, der Heimat von Superbands wie Mando Diao und Sugarplum Fairy → S. 115

BEST OF ...

SPAREN

● *Erster urbaner Nationalpark der Welt*

Der *Ekoparken* zieht sich über 27 km² durch Stockholm und bietet zahlreiche kostenlose Freizeit- und Bildungsangebote – frische Luft und jede Menge Platz inklusive → S. 34

● *Zugvögelschauen am Öresund*

Millionen von Vögel machen jedes Jahr halt auf Falsterbo im südwestlichsten Zipfel Schwedens, viele andere überfliegen die Landzunge. Dieses einzigartiges Schauspiel unter freiem Himmel sollten Sie nicht verpassen. Die *Vogelwarte* hält Informationen bereit → S. 54

● *Zeitreise nach Alt-Linköping*

Dort, wo sich um 1600 der Kampf zwischen schwedischen Protestanten und Katholiken entschied, steht heute das älteste Museumsdorf des Königreiches: *Gamla Linköping*. Der Eintritt ist frei und auch viele der angebotenen Aktivitäten sind kostenlos (Foto) → S. 74

● *Kreuz und quer durch den Schärengarten*

In den weiten Schären um Stockholm herum verbinden staatliche *Fähren von Trafikverket* die wichtigsten Inseln, ohne dass Sie dafür ein Ticket lösen müssen → S. 43

● *Privataudienz beim Regierungsstatthalter*

Von den Dänen im 17. Jh. erbaut, fiel das stattliche *Schloss von Halmstad* schon bald der schwedischen Krone zu – und dient heute dem Regierungsstatthalter als offizieller Sitz. Im Sommer können Sie das Prachtstück nach Anmeldung bei freiem Eintritt besuchen → S. 64

● *Kultur pur*

Sie sind auf der Suche nach Lesefutter? Wer sich das Geld an Zeitungskiosken sparen möchte, steuert einfach auf die nächste *öffentliche Bibliothek* zu – allein in Stockholm gibt es 24 davon. Diese in allen Gemeinden vorhandenen Einrichtungen sind per Gesetz verpflichtet, Kultur gebührenfrei anzubieten, Internetzugang inklusive → S. 121

●●●● Diese Punkte zeichnen in den folgenden Kapiteln die Best-of-Hinweise aus

● *Butterbrottisch*
Beim schwedischen *smörgåsbord* handelt es sich um
ein Buffet: von Hering und Lachs über Fleisch-
klößchen und Rentierbraten bis hin zu Molte-
beersorbets und Blaubeerweinen. Eine Kost-
probe bekommen Sie im *Sollidens Matsal*
des Freilichtmuseums Skansen → S. 37

● *Stockholms Lustgarten*
Djurgården (Tiergarten) heißt die Insel
im Zentrum Stockholms, die dem König
als privates Jagdrevier diente. Heute beherbergt sie Vergnügungsparks und ein
Freilichtmuseum, die auf wenig Raum viel
Schweden vermitteln → S. 34, 110

● *Noble Geschichten*
Seit über 110 Jahren werden in Stockholm jährlich die
Nobelpreise verliehen: im Konzerthaus, im Stadthaus und
vor allem im *Nobelmuseum* lässt sich das Fest der Feste für den Preis
der Preise das ganze Jahr nachfühlen → S. 36

● *Zeitmaschine*
Die Altstadt von *Visby* bietet nicht nur während der *Mittelaltertage* im
August Einblicke in vergangene Zeiten. Hier lebt das Mittelalter bis
heute weiter, auf Plätzen, in Restaurants und Museen (Foto) → S. 47

● *Kanufahren in Dalsland*
Auf dem weitverzweigten Wasser- und Kanalsystem des *Dalsland-
kanals* erleben Besucher ein Bilderbuchschweden mit kleinen roten
Häuschen, offenen Feldern und tiefen Wäldern. Für Abwechslung
sorgen Schleusen und Kanalcafés → S. 71

● *Rot aus Falun*
Aus kupferhaltigem Untergrund wird in der *Fabrik Rödfärgsverket* in
Falun jener Farbstoff gewonnen, mit dem in ganz Schweden die Häus-
chen rot angestrichen werden → S. 82

● *Alles aus Eis*
So was gibt's nur im Norden: Blankes Fluss-Eis wird in Schweden seit
einigen Jahren für den Bau von Hotels, Kirchen, Bars und Restaurants
eingesetzt. Damit entstehen immer wieder neue, wenn auch vergäng-
liche Sehenswürdigkeiten, etwa im lappländischen *Jukkasjärvi* → S. 94

TYPISCH

BEST OF ...

SCHÖN, AUCH WENN ES REGNET
Aktivitäten, die Laune machen

REGEN

● Auf den Spuren des Ungeheuers
Im jämtländischen Storsjö soll die schwedische „Nessie" zu Hause sein. Das Seeungeheuer liebt dunkle Wolken, deshalb lohnt sich eine *Fahrt mit der S/S Thomée*, Schwedens ältestem Raddampfer, bei schlechtem Wetter besonders → S. 88

● Zuhause bei Carl Larsson
Im idyllischen Sundborn liegt der *Sommersitz des Malers Carl Larsson*. Jedes Detail hier wurde von ihm entworfen und gestaltet. Begeben Sie sich auf Entdeckungsreise → S. 84

● Schienen-Ausflug mit der Lenna-Katze
Am neuen Hauptbahnhof von Uppsala starten im Sommer die Schienenbusse und Dampfzüge der *Lennakattenbahn*. Auf der gemächlichen Tour durch Roslagen erleben Sie Landschaften und Ortschaften auch bei Regen trockenen Fußes → S. 78

● Smaklig Måltid (Guten Appetit)
Die kulinarischen Vorzüge des ganzen Landes waren das Thema des *schwedischen Pavillons bei der Weltausstellung* in Sevilla vor über zwei Jahrzehnten. Jetzt steht das imposante Haus in Grythyttan und lässt Besuchern das Wasser im Mund zusammenlaufen → S. 74

● Tucholsky lässt grüßen
Im *Schloss Gripsholm* am Mälarensee schrieb Kurt Tucholsky einst seine Hommage an die Exilheimat. Das Schloss erreichen Sie bequem von Stockholm per Schiff – bei jedem Wetter! → S. 42

● Stockholms Einkaufsmeilen
Im Zentrum der Hauptstadt sind die Kaufhäuser, Buchhandlungen, Boutiquen und Antiquariate rund um den *Sergels Platz* praktischerweise mit unterirdischen Durchgängen oder überdachten Fußgängerbrücken verbunden (Foto) → S. 38

ENTSPANNT ZURÜCKLEHNEN
Durchatmen, genießen und verwöhnen lassen

● Einsame Inseln
Auf den mehr als 25 000 Inseln um Stockholm herum findet sich für jeden ein ruhiges Plätzchen. Etwa auf Finnhamn oder Blidö. Die *Stockholmer Schären-Stiftung* hilft, die einsame Insel zu finden (Foto) → **S. 43**

● Relaxen in Tylösand
An einem der beliebtesten Strände Schwedens bietet das *Tylösand Spa-Hotel* Erholungsuchenden nicht nur ruhige Zimmer mit Seesicht, sondern auch ein breites Angebot an Spa- und Massageangeboten → **S. 64**

● Hagabadet
In der Römischen Therme der Göteborger Wellnessoase *Hagabadet* haben Gäste einzeln oder in kleinen Gruppen einen Privatpool zur Verfügung und bekommen Mahlzeiten und Getränke serviert → **S. 60**

● Lady Hamiltons Geheimnis
In der Stockholmer Altstadt verfügt das *Lady Hamilton Hotel* über eine Erholungsabteilung der besonderen Art: das Tauchbecken der *Saunalandschaft* ist in ein Kellergewölbe aus dem 13. Jh. eingelassen → **S. 40**

● Pudelwohl am Orsasee
Entspannend sind im Norden der Provinz Dalarna nicht nur die Landschaft, die wenigen Menschen und das wunderbare Licht. Das Gästehaus *Smidgården* bietet zudem gesundes Essen und Kuren an → **S. 84**

● Gemächliche Inlandbahn
Stellen Sie sich vor, Sie zuckeln in einem Zug gemächlich durch Schwedens Mitte. Sie kommen an einem wunderschönen See vorbei, wünschen sich einen kurzen Badehalt und: prompt geht Ihr Wunsch in Erfüllung → **S. 98**

● Picknick unterwegs
Relaxen während der Autofahrt: In der Mitte Schwedens bei Arboga, wo die E18 und E20 sich kreuzen, lädt an der *Raststätte Högsjön* ein kleiner See zum Beineausstrecken oder einem entspannenden Bad ein → **S. 74**

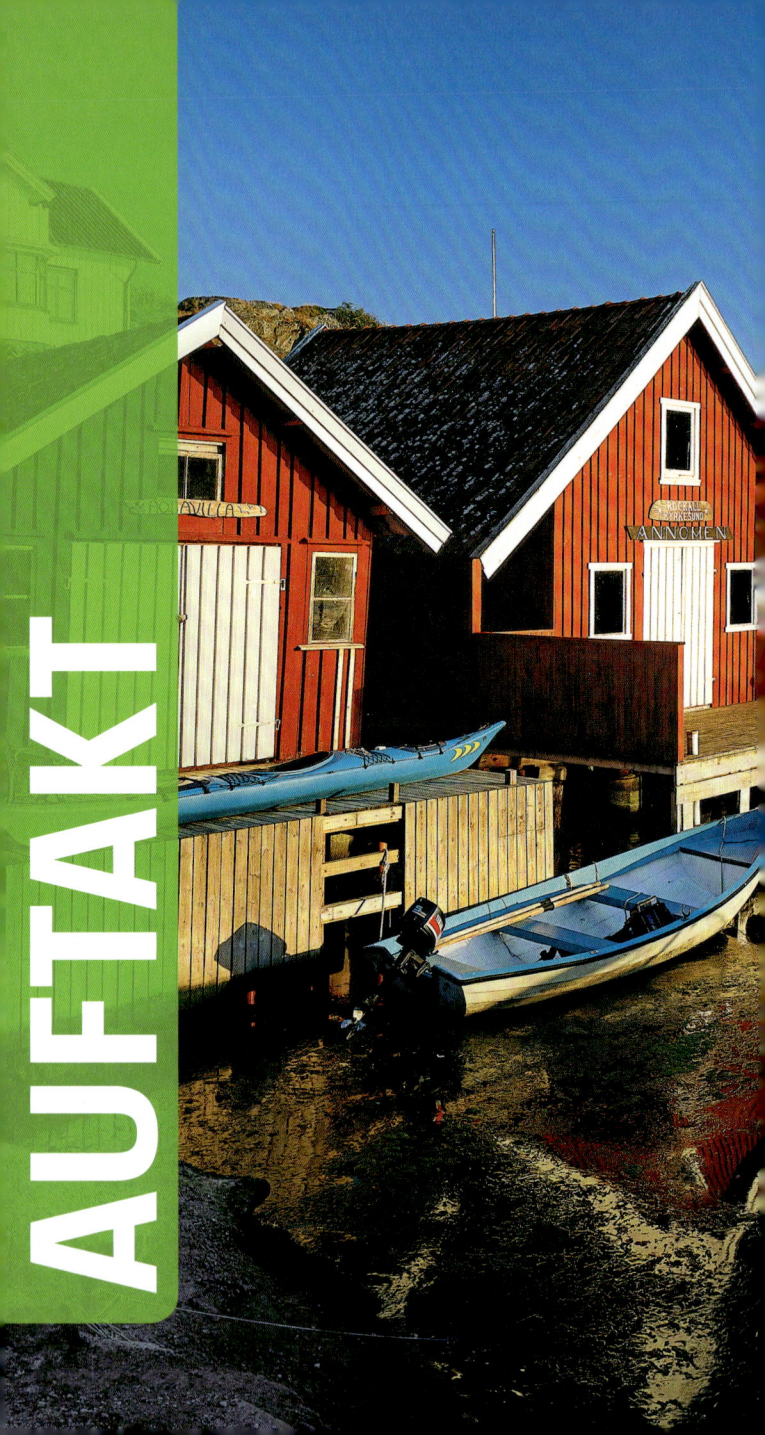

AUFTAKT

ENTDECKEN SIE SCHWEDEN!

Viele Besucherinnen und Besucher kennen Schweden aus ihrer Kindheit: als das Land von Michel, Nils Holgersson und Pippi Langstrumpf. Wer hat damals nicht Astrid Lindgrens Romane von der pfiffigen Pippi und ihren etwas biederen Freunden Annika und Thommy gelesen oder in den Geschichten von Michel geschmökert, der in Schweden übrigens Emil heißt? Ähnlich bekannt ist Selma Lagerlöfs Erzählung vom kleinen Nils Holgersson und seiner Reise mit den Wildgänsen. Doch nicht nur Kinder, auch krimiinteressierte Erwachsene haben beim Lesen die Bekanntschaft von Schweden gemacht – von Autoren wie Henning Mankell, Stieg Larsson oder Liza Marklund bekommen sie düstere Szenerien und schwere Verbrechen serviert.

Bullerbü und Lisbeth Salander! Es sind solche Kontraste, die das fast 2000 km lange Land zwischen Öresund und Nordfinnland ausmachen. Und bei aller Schwermut und Melancholie, wie sie nicht zuletzt der 2007 verstorbene Meisterregisseur Ingmar Bergman in seinen preisgekrönten Filmen erfasst hat, gilt das schwedische Volk als frisch, frech und frei. Unbelastet von der jüngeren Geschichte verbindet Schweden

Bild: Insel Tjörn, Bootshäuser

Kaum zeigt sich die Sonne, strömen die Schweden hinaus – in die Natur oder ins Café nebenan

das Beste von gestern mit dem Besten von morgen: Intakte Landschaften, gemütliche Kleinstädte, unberührte Gewässer, endlose Wälder treffen auf Hightech, innovative Kulturschaffende, eine erstklassige Infrastruktur und aufgeschlossene Menschen. So nehmen am jährlichen Pride-Festival der Schwulen und Lesben in der Stockholmer Innenstadt gern auch der Erzbischof des Landes oder der konservative Ministerpräsident teil, und ein reichlich ausgekosteter Vaterschaftsurlaub gehört sogar in den höchsten Chefetagen der Wallenberg-Sphäre zum guten Ton. Und selbst Zeitungsartikel über die vom Volk bejubelte erste Tochter von Schwedens künftiger Königin Victoria, Estelle Silvia Ewa Mary, begleiten bisweilen Fragezeichen zur Demokratieverträglichkeit der Erbmonarchie.

Schweden in all seinen Facetten kennenlernen heißt, das Land in seiner ganzen Länge zu besuchen, vom Südzipfel – etwa Mankell-Kommissar Kurt Wallanders Heimat Ystad – bis hinauf zu den rentierzüchtenden Sami von Karesuando an der Grenze zu Finnland. Auf einer Fläche von 447 420 km² leben weniger als zehn Mio. Menschen – es ist also viel Platz für unberührte Natur, in der Tiere wie Elche und Rentiere zu Hause sind. Seit 1909 stehen Teile der insgesamt 25 schwedischen Landschaften unter Schutz. So entstanden die ersten Nationalparks Europas. Die meisten sind von

Um 12 000 v. Chr.– 6000 v. Chr.
Die Eiszeit endet. Das Land wird besiedelt

1500 v. Chr.
Bronzezeit. Felszeichnungen entstehen

800–1000 n. Chr.
Wikingerzeit. Schweden ziehen bis zum Schwarzen Meer

1000–1350
Das in Provinzen zersplitterte Land wird zum Königreich geeint, Christianisierung

1300–1600
Hansezeit mit blühendem Ostseehandel. Visby auf Gotland wird eine der wichtigsten Städte

Wanderwegen durchzogen, wie der rund 500 km lange Kungsleden, der vom Abisko-Nationalpark bis Südlappland führt.

Es gibt viele Gründe, das Land zu lieben. Manche schätzen insbesondere die Werte der schwedischen Gesellschaft, die an einem Gleichheitsideal festhält, das andere Nationen längst aufgegeben haben. Andere preisen vor allem die landschaftlichen Vorzüge. Besonders Aktivurlauber fühlen sich in Schweden wohl. In den Weiten der nördlichen Fjälle können Naturbegeisterte tagelange Skitouren oder Wanderungen unternehmen, die vielen Flüsse des Landes ziehen Kanufahrer an. Wer es entspannter mag, geht in den dichten Wäldern schön spazieren oder sammelt Pilze und Beeren. Während die weiten Felder des südlichen Schonen (Skåne) an Norddeutschland und Dänemark erinnern, gleichen große Teile Lapplands im äußersten Norden Schwedens einer Steppe. Dazwischen liegt ein knappes Dutzend traumhafter Landschaften, die alle ihren eigenen Reiz haben.

In der Hauptstadt Stockholm sind nicht nur viele historische Bauten wie das Schloss und die Altstadt sehenswert, Sie können auch etliche Museen und Galerien besuchen. Selbst Naturliebhaber

Naturliebhaber kommen auf ihre Kosten

kommen auf ihre Kosten – in einem der vielen Parks oder in den Schären vor den Toren der Metropole, wo mehr als 20 000 Inseln darauf warten, entdeckt zu werden – ob mit dem Kajak, dem Segelboot oder einem Ausflugsschiff.

Nicht nur die Landschaften, auch die Bewohner verändern sich auffallend im Wechsel der Jahreszeiten. Die Unterschiede zwischen Sommer und Winter sind in Schweden wegen der nördlichen Lage viel ausgeprägter als in Mitteleuropa. Der extreme

1630–1721
Schweden wird Großmacht. Finnland und Teile des heutigen Deutschlands und Baltikums gehören ebenfalls zum Königreich

1810
Der französische Marschall Jean Baptiste Bernadotte wird schwedischer König. Er zwingt Norwegen 1814 zur Union mit Schweden (bis 1905)

1932
Erste sozialdemokratische Regierung, Aufbau des Wohlfahrtsstaates

1939–45
Zweiter Weltkrieg: Schweden ist neutral, verdient aber, z. B. durch Stahllieferungen nach Deutschland

Wetterwechsel beeinflusst das Gemüt. Im Winter sind die Schweden am liebsten zu Hause. Sobald sich aber im Frühjahr die Sonne zeigt, strömt alles in die Parks und Fußgängerzonen. Dort, wo noch genügend Schnee und Eis liegen, schnallen die Schweden ihre Schlittschuhe und Langlaufskier an und begeben sich auf lange Touren durch die verschneite Natur. In den Sommermonaten leben die Schweden ihre Begeisterung für das *friluftsliv,* das Freiluftleben, in vollen Zügen aus. Dann verbringen sie so viel Zeit wie möglich an der frischen Luft. Gut, dass es auch mitten in den Städten jede Menge Strände

> **Auch in den Städten gibt es jede Menge Parks und Strände**

und Parks gibt, sodass nirgendwo Gedränge herrscht. Lediglich an *midsommar* (Mittsommernacht) im Juni, dem wichtigsten Feiertag des Jahres, kann es schon mal voller werden. Ansonsten gehen die Schweden nur ungern auf Tuchfühlung. Nicht nur am Strand schätzen sie es, genügend Abstand zum Nachbarn zu haben. Die *stuga* – das kleine, zumeist hölzerne Ferienhäuschen – ist in ihren Augen erst dann perfekt gelegen, wenn das Nachbarhaus außer Sicht- und Hörweite ist.

Der schwedische Hang zur Distanziertheit zeigt sich auch politisch. Der EU, der das Land 1995 beigetreten ist, steht die Bevölkerung skeptisch gegenüber, die Einführung des Euro haben die Schweden 2003 in einem Referendum abgelehnt. Zwar duzen sich in dem stark sozialdemokratisch geprägten Land alle, die Menschen sind außerdem gastfreundlich und äußerst hilfsbereit, aber bevor Sie in einer Kneipe oder beim Hotelfrühstück ein ausführliches Gespräch mit einem Unbekannten anfangen, sollten Sie sich das lieber dreimal überlegen.

Fremde, die sich lautstark aufführen und diskutieren, machen sich schnell unbeliebt. In Schweden gilt das Prinzip des *lagom,* ein unübersetzbares Wort, das im Grunde genommen besagt, dass es stets die beste Lösung ist, nicht aufzufallen. Schweden scheuen Konfrontationen und mögen es nicht, wenn jemand seinen Reichtum zur Schau trägt oder die anderen spüren lässt, dass er sich für etwas Besseres hält. Das mag eine Folge der jahrzehntelangen Herrschaft der Sozialdemokraten oder auch der bürgerlichen Wurzeln des Königshauses Bernadotte sein. Oder aber auf den jahrhundertelang herrschenden Protestantismus zurückgehen, der bis 2000 Staatsreligion war. Krisen und Hungersnöte jedenfalls machten die Schweden zu einer verschwore-

1973
Carl XVI. Gustaf wird König, 1976 heiratet er die Deutsche Silvia Sommerlath

1995
Beitritt zur Europäischen Union

2010
Kronprinzessin Victoria Alice Désirée Bernadotte heiratet am 19. Juli ihren langjährigen Freund Daniel Westling. Die Hochzeit löst eine umfassende Debatte über die Zukunft der Monarchie in Schweden aus

2011
Am 23. Februar wird Prinzessin Estelle Silvia Ewa Mary geboren – die neue Nummer drei im schwedischen Königshaus

Kiruna Kyrka: Ein Lappenzelt war das Vorbild für den Kirchenbau

nen Gemeinschaft gegen alles Böse: Bis heute darf nur der Staat Alkohol verkaufen, sind weiche Drogen und Prostitution verboten – und sehen viele Schweden ihr Land als eine Art moralische Weltmacht an.

Außer den Politikern des Landes sind auch die Bürger davon überzeugt, dass die Welt eine bessere wäre, würden sich alle nach schwedischen Idealen richten. Das heißt vor allem soziale Wohlfahrt für alle und militärische Zurückhaltung in internationalen Krisensituationen. Personifizierter Ausdruck dieser Politik war der sozialdemokratische Ministerpräsident Olof Palme, der 1986 ermordet wurde. Palme war ohne Leibwächter unterwegs, ebenso wie die Politikerin Anna Lindh, die 2003 in einem Stockholmer Kaufhaus Opfer eines Attentats wurde. Seither hat der direkte

Personenkult liegt den Schweden fern

Kontakt zwischen Wählern und Gewählten unter immer strengeren Sicherheitsauflagen gelitten. Offene Rathaustüren und Ministerbesuche ohne Polizeischutz gehören nun leider zur Seltenheit. Trotzdem liegt den Schweden bis heute jeder Personenkult fern. Zwar ist man stolz auf Landsleute wie den Krimiautor Henning Mankell, die Olympiasiegerin Carolina Klüft oder die Musiker Agnetha, Benny, Björn und Anni-Frid, besser bekannt als Abba. Daheim werden sie jedoch als normale Bürger betrachtet, nach denen sich auf der Straße kaum jemand umdreht.

Während viele Industrielle wie der Ikea-Gründer Ingvar Kamprad ihr Land wegen der hohen Steuern verlassen haben, zieht die Prominenz aus Film, Kultur und Sport allenfalls zwischenzeitlich aus ihrem Heimatland weg. Wer einmal in Schweden Urlaub gemacht hat, der weiß, wieso es einen immer wieder hierherzieht.

IM TREND

1 Malmö modern

Kehrtwende Die einstige Industriestadt ist mit dem *Västra Hamnen* nun Schwedens Vorzeigeort. Das Viertel setzt auf erneuerbare Energien und bezeichnet sich selbst als „City of Tomorrow". Auch im Kleinen schreiben die Malmöer Nachhaltigkeit groß. So essen sie bio und vegan im Café des *Glassfabriken (Kristianstadsgatan 16, www.glassfabriken.net)* und kleiden sich lässig, aber nachhaltig mit den handgefertigten Designs von *Swedish Hasbeens (Tjallamalla, Davidhallsgatan 15, Foto)*.

Ursprünglich

2

Gastro Die Küchenchefs setzen verstärkt auf Klassiker aus Schwedens Wäldern und Wiesen – ohne dabei Hausmannskost zuzubereiten. Lassen Sie sich das Moltebeerendessert im *Edsbacka Bistro (Sollentunavägen 220, Sollentuna)* nicht entgehen oder probieren Sie sich durch Wild und Heringe, Pilze und Beeren im *Salt&Sill (Klädesholmen, Tjörn, www.saltsill.se, Foto)*! Noch mehr Köche der New Swedish Cuisine kennt der *White Guide (www.whiteguide.se)*.

Klein, aber mein

3

Mini-Hotels Unpersönliche Hotelketten waren gestern! Steigen Sie doch im *Utter Inn* von Mikael Genberg *(www.mikaelgenberg.com)* ab. Die winzige Hütte liegt im Mälaren-See – im wahrsten Sinne: Ein Teil des Hotels liegt unter der Wasseroberfläche *(Sästerås)*. Bei seinem zweiten Projekt hat sich der Künstler dagegen in luftige Höhen gewagt. Das *Hotel Hackspett (April bis Oktober, im Vasaparken, Västerås, Foto)* steht in einer alten Eiche. Das Frühstück kommt per Flaschenzug, komfortable Betten, Bad und Küche gibt es auch. Buchungen für beide Hotels über *www.vasterasmalarstaden.se*.

New Yorker Export

South of Folkungagatan Soho in New York kennt jeder, SoFo ist noch ein Geheimtipp. Das Viertel South of Folkungagatan *(sofo-stockholm. se)* ist die Heimat von Stockholms Kreativen. Galerien, Agenturen, coole Cafés und Shops reihen sich hier aneinander. Starten Sie im Retroambiente des *Café String (Nytorgsgatan 38)* mit einem Tee in den Tag. Falls Ihnen die Tasse gefällt, können Sie sie auch kaufen. Das Portemonnaie brauchen Sie auch bei *Sivletto (Malmgårdsvägen 16–18),* wenn nicht für Mode und schönen Krimskrams, dann um sich dort einen Haarschnitt verpassen zu lassen. *Grandpa (Södermannagatan 21)* klingt nicht gerade trendy? Überzeugen Sie sich in dem coolen Store vom Gegenteil. Hier gibt es fast alles. Aufstrebende Künstler lernen Sie in der *Talent Gallery (Kocksgatan 23, Foto)* kennen.

Hoch hinaus

Himmelsgleich Der Raumfahrttourismus nimmt immer mehr Form an: Spaceport Sweden *(www. spaceportsweden.com)* entwickelt derzeit konkrete Pläne, um die Stadt Kiruna zum Raumfahrthafen für Touristen zu machen. 118 Meter reichen Ihnen schon? Dann ist das *Hotel Scandic Victoria Tower (Arne Beurlingstorg 3a, Stockholm, Foto)* einen Besuch wert. In luftiger Höhe und umgeben von coolem Design genießen Sie in der *Sky Bar* einen Drink und „Swapas", schwedische Tapas. Die Hauptstadt liegt Ihnen auch vom *SkyView* zu Füßen. An der Außenwand der Veranstaltungsarena *Ericsson Globe (Globentorget 2)* sorgen zwei gläserne Gondeln für Herzklopfen – und das bei „läppischen" 85 Metern Höhe!

STICHWORTE

E LCHE UND MÜCKEN

Zwei prominente Vertreter der schwedischen Fauna sorgen immer wieder für Gesprächsstoff: wenn sich etwa eine Elchdame in den Stockholmer Hauptbahnhof verirrt und den Fahrplan halb Schwedens stört. Oder wenn die Einwohner der Gemeinde Västerfärnabo am unteren Dalälven Unterstützung der schwedischen Luftwaffe brauchen, um – dank der Giftbespritzung der Mückenpopulation – wieder ihre eigenen vier Wände nutzen zu können. Elche und Mücken gehören zum schwedischen Sommer fast ebenso wie Mittsommerbaum und Nieselregen. Doch weder ist garantiert, dass Sie in Ihrem Urlaub die phantastische Begegnung mit einem Elch machen werden, noch muss sich jeder mit den blutrünstigen „Minikampffliegern" herumschlagen. Letztere halten sich vor allem am Wasser auf und lassen sich am liebsten auf verschwitzter Haut nieder. Angebote von Mitteln gegen die Mückenplage sind oft nur ein Riesengeschäft der Apotheken.

F KK

Nacktbaden gilt in Schweden – anders als etwa an der ostdeutschen Ostseeküste – als „Privatsache". Das bedeutet, dass in diesem freizügig geltenden Land öffentliches Nacktsein in Schwimmbädern oder Stadtparks wenn auch nicht verboten, so doch ungern gesehen ist. Trotzdem ist Schweden eigentlich ein Paradies für Anhänger des textilfreien Freizeitvergnügens. Aus einem

---

Bild: Typischer Bauernhof in Schonen, bei Ystad

Hightech-Kult und Krimiwelten: Die
Schweden sind technik- und musikbegeistert –
und schreiben Krimis für die große weite Welt

einfachen Grund: In Schweden gibt es
immer irgendwo einen einsamen Badestrand oder einen abgelegenen See im
Wald. Hinzu kommt, dass im Sommer
die Luft- und Wassertemperaturen selbst
im höchsten Norden recht angenehm
sind. Aber auch im kältesten Winter ist
es nicht ungewöhnlich, sich unbekleidet
in einem Eisloch nach einem Saunabe-
such abzukühlen oder sich bei einem
Spaziergang durch die Polarnacht ganz
ohne wärmenden Pelz im frischen
Schnee zu wälzen.

GLEICHHEIT

In Schweden spielt Egalität eine
besondere Rolle. Zahlreiche Gesetze
und Erlasse schreiben vor, dass allen
Menschen, unabhängig von Herkunft,
Religion und Geschlecht, die gleichen
Chancen eingeräumt werden müssen.
Die jahrzehntelange Regierungsmacht
der Sozialdemokraten, die erst 2006 ge-
brochen wurde, hat die Gewerkschaften
und die Frauenbewegung stark gemacht.
Die langjährige Praxis der Gleichstellung
hat dazu geführt, dass Klassenunterschie-

de geringer sind als etwa in Deutschland oder Frankreich und dass Frauen deutlich stärker ins Berufsleben integriert sind. Beim Militär sind sie eine Selbstverständlichkeit, in Parlament und Regierung stellen sie etwa die Hälfte der Mitglieder.

Soziale Schichten sind in Schweden kaum zu unterscheiden. Die Mittelklasse ist noch dominanter als in den meisten anderen europäischen Ländern. Zwar existiert auch hier eine Oberschicht, doch diese trägt ihren Reichtum in der Öffentlichkeit wenig zur Schau – Luxussportwagen und Pelzmantelträgerinnen sind allenfalls vor ausgesuchten Nobellokalen in der Stockholmer Innenstadt zu sichten. Dass sich alle mit Vornamen und dem informellen „Du" anreden, verstärkt noch das Gleichheitsgefühl.

HIGHTECH

Kaum ein anderes europäisches Land ist so technikbegeistert wie Schweden: neun von zehn nutzen regelmäßig das Internet, und das per Smartphone am liebsten von unterwegs. Entsprechend gut ausgebaut sind die Mobilfunk- und Breitbandnetze. Letztere erreichen in Glasfaservariante selbst abgelegene Ecken des Königreichs. In einem dünn besiedelten Land wie Schweden ist es wichtig, auch von zu Hause aus arbeiten zu können, weil die Fahrt in die nächste größere Stadt lange dauern kann. Mittlerweile kann z. B. die Steuererklärung per SMS abgegeben werden und viele Rechnungen trudeln nur noch auf elektronischem Weg ein. 2006 gründete sich die schwedische Piratenpartei *(Piratpartiet)*, die für digitale Bürgerrechte sowie gegen staatliche Überwachung im Internet kämpft. Bei den Europawahlen 2009 schaffte die Partei den Sprung ins EU-Parlament. Sie ist dort mit einem Abgeordneten vertreten.

JEDERMANNSRECHT

Prinzipiell darf sich in Schweden jeder frei in der Natur bewegen, auch auf Privatgrundstücken. Das regelt das sogenannte *allemansrätten* (Jedermannsrecht). Gerade wegen dieser Freiheit

Königliches Quartier: Schloss Drottningholms Erbauer nahmen sich Versailles zum Vorbild

ist es wichtig, sich an die wenigen Einschränkungen zu halten, um die Natur zu bewahren. Lagerfeuer etwa sind im Wald (Brandgefahr) und auf Felsen (Bruchgefahr) verboten. Das Pflücken geschützter Pflanzen ist ebenso untersagt wie das Fällen von Bäumen. Schilder mit dem Hinweis „Betreten verboten" sind selten, sollten aber unbedingt beachtet werden. Es empfiehlt sich, das Jedermannsrecht zu studieren *(www.allemansratten.se)*, bevor es in die Natur geht. Dort steht nicht nur, was erlaubt ist und was nicht, die Bestimmungen sind auch ein Stück Kulturerbe, das viel über das Selbstverständnis der Schweden aussagt.

KÖNIGSHAUS

Schweden ist zwar seit dem 16. Jh. eine Erbmonarchie, doch der König nimmt nur repräsentative Aufgaben wahr. Politische Macht hat er seit der Verfassungsänderung von 1975 keine mehr. Während das Ansehen des amtierenden Regenten Carl CVI. Gustaf wegen dessen außerehelichen Eskapaden in den letzten

Jahren spürbar ramponiert ist, gilt seine aus Deutschland stammende Frau Silvia weiterhin als allseits beliebte und würdevoll auftretende Königin.

Trotz der Ausgaben für die Königsfamilie profitiert das Land finanziell vom Herrscherhaus. Sein gutes Image im Ausland fördere, so behaupten jedenfalls Ökonomen, den Verkauf schwedischer Produkte und locke Touristen ins Land. Mit Ausnahme des angeschlagenen Königs behandeln die Medien die Königsfamilie rücksichtsvoll und wenn es Gelegenheit dazu gibt – wie bei der Hochzeit der Thronfolgerin oder der Geburt von Prinzessin Estelle –, auch gern einmal überschwänglich. Während ein großer Teil der schwedischen Bevölkerung die Erbmonarchie als Anachronismus beschreiben würde, hätte die Abschaffung genau derselben in einer Volksabstimmung keine Chance. Wer Skandalgeschichten über Thronfolgerin Victoria, die 2010 ihren langjährigen Freund Daniel Westling heiratete, sowie ihre Geschwister Carl Philip und Madeleine lesen möchte, muss zur deutschen Klatschpresse greifen.

KRIMIWELTEN

Alles begann mit dem Autorenpaar Maj Sjövall und Per Wahlöö. 1965 erschien der erste von ingesamt zehn Krimibänden, in denen Kommissar Martin Beck hinter die idyllischen Kulissen einer schwedischen Kleinstadt blickte. Ein neues skandinavisch-sozialkritisches Krimigenre war geboren und feiert nun, bald ein halbes Jahrhundert später, große Erfolge mit Autoren wie Henning Mankell oder Liza Marklund. Auch deren Charaktere bemühen sich nach Kräften, den Traum vom schwedischen Gesellschaftsparadies ein für allemal platzen zu lassen. Niemandem ist dies jedoch so erfolgreich gelungen wie dem langjährigen Journalisten und Antifaschisten Stieg Larsson aus Nordschweden. Seine in langen Nächten geschriebene Millenium-Triologie verkaufte sich allein in Schweden bislang über vier Millionen Mal und gilt heute als eine der weltweit meistverkauften Krimireihen. Larsson selbst bekam davon nichts mit, denn er starb 2004 an einem Herzinfarkt, bevor der erste Band („Verblendung") überhaupt erschienen war.

LINDGREN, ASTRID

Beim Thema Kinderliteratur fällt einem sofort Astrid Lindgren ein. Die 1907 in Vimmerby geborene Autorin hat so verrückte Kinder wie Michel aus Lönneberga, Pippi Langstrumpf oder Kalle Blomquist erfunden und für ihre liebenswert-phantasievollen Geschichten weltweit Anerkennung bekommen. Die höchste Auszeichnung jedoch, der Nobelpreis für Literatur, blieb ihr verwehrt. Die Schriftstellerin lebte bis zu ihrem Tod im Jahr 2002 in einer kleinen Wohnung in Stockholm.

MARKEN

So gern sich die Schweden per Internet die Welt nach Hause holen, so beliebt sind schwedische Markenprodukte im Ausland. Das beginnt beim einst als „verrückt" geltenden Möbelhaus aus Småland, Ikea, und hört bei den allseits beliebten Kleidern des Herstellers Hennes & Mauritz noch längst nicht auf. Legendär sind auch die beiden mittlerweile in chinesischen Händen befindlichen Autohersteller Volvo und Saab oder der Waschmaschinenhersteller Husqvarna. Eine Kombination aus reichlich vorhandenen Rohstoffen, einem exzellenten Bildungssystem und unkonventionellen Köpfen haben dazu beigetragen, dass „Made in Sweden" für eine besondere Mischung aus Qualität und Innovation steht. Dazu gehören seit einigen Jahren

In Vimmerby ist Astrid Lindgrens Welt lebendig – auch Michel alias Emil

auch Modemarken wie Whyred, House of Dagmar oder 2707.

NOBELPREIS

Neben Astrid Lindgren und Ingmar Bergman ist Alfred Nobel (1833–1896) sicherlich der berühmteste Schwede. Zu Lebzeiten kam er als Erfinder und Industrieller zu Vermögen und Ansehen. Seine bekannteste Erfindung ist das Dynamit, das die moderne schwedische Waffenindustrie begründet hat. Nobel verstand seine Entwicklung als Beitrag zur Sicherung des Weltfriedens. Weltweit berühmt wurde er als Stifter der nach ihm benannten Nobelpreise. Seit 1901 werden alljährlich die „größten Leistungen für die Menschheit" auf den Gebieten der Literatur, der Medizin oder Physiologie, der Biologie, der Chemie und der Friedenssicherung mit jeweils 10 Mio. Schwedischen Kronen (ca. 1,1 Mio. Euro) bedacht. Dass der Friedensnobelpreis als einziger Preis nicht in Stockholm, sondern in Oslo verliehen wird, hängt damit zusammen, dass Norwegen damals noch zur schwedischen Krone gehörte und Alfred Nobel die republikanisch gesinnten Norweger politisch unterstützen wollte.

PERSONNUMMER

Ohne die *personnummer* ist man in Schweden ein Niemand. Die zehnstellige Zahl, die sich aus dem Geburtsdatum sowie vier weiteren Ziffern zusammensetzt, wird benötigt, um ein Konto zu eröffnen, mit der Kreditkarte einzukaufen oder einen Handyvertrag abzuschließen. Datenschutz wird in Schweden kleingeschrieben: Wer Name und Adresse einer Person kennt, kann deren *personnummer* erfragen und damit z. B. deren Steuerzahlungen abfragen. Wer als Tourist eine *personnummer* anzugeben hat (z. B. beim Mieten eines Autos), kann sich manchmal mit der Angabe des Geburtsdatums (Jahr/Monat/Tag) behelfen und die letzten vier Ziffern mit „xxxx" ausfüllen.

SCHWEDENPOP

Seit im April 1974 das bis dahin im Ausland weitgehend unbekannte Quartett Abba mit dem Song „Waterloo" den Grand Prix d'Eurovision de la Chanson gewonnen hat, ist Schweden aus dem internationalen Musikgeschäft nicht mehr wegzudenken. Die Band verkaufte mehr als 300 Mio. Platten! Nach dem Erfolg von Abba betraten viele weitere Schweden – u. a. Roxette, The Cardigans und Mando Diao – die Musikbühne. Basis des schwedischen Popwunders ist die gute Ausbildung. Auch in ländlichen Gegenden sind staatlich subventionierte Musikschulen weit verbreitet. Zudem sprechen die Schweden überdurchschnittlich gut Englisch und singen problemlos in der Weltsprache der Popmusik.

WEINBAU

Der Klimawandel und die Technik machen es möglich: Dank gestiegenen Durchschnittstemperaturen und computergesteuerten Anbaumethoden haben in den letzten Jahren zahlreiche südschwedische Bauern auf den Weinbau umgesattelt. Der Erfolg blieb nicht aus. In den staatlichen Monopolgeschäften *systembolaget* sind seit Kurzem auch einheimische Produkte wie „Domaine Sånana" in den Regalen zu finden – und in der Provinz Skåne laden heute Dutzende von Produzenten Gäste zu Degustationsreisen entlang des über 100 km langen „Vinvägen" (Weinstraße) ein. Nur: noch bleibt sich das bisweilen zu Puritanismus neigende nordische Land insofern treu, dass der Direktverkauf im Weingut bis heute verboten ist. Wer nicht den Umweg über ein *systembolaget* machen will, kann sich heute seine schwedischen Lieblingstropfen allerdings auch im Internet bestellen.

ESSEN & TRINKEN

Das raue Klima und die lange Zeit hohe Bedeutung von Landwirtschaft und Fischfang haben Schwedens Esskultur nachhaltig geprägt. Die traditionellen Gerichte sind simpel, der Variantenreichtum ist beschränkt. Weil die klassischen schwedischen Zutaten wie Kartoffeln, Fisch, Fleisch und Pilze von hoher Qualität sind, gibt es in Schweden dennoch jede Menge gut schmeckender Gerichte.

Einige schwedische Köche gehören gar zu den Besten ihrer Zunft. In den letzten Jahren haben sie gleich mehrfach einen der vordersten Plätze bei den internationalen Kochweltmeisterschaften belegt. Der Erfolg schlägt sich vor allem in der Stockholmer Restaurantszene nieder. In der Hauptstadt gibt es eine Handvoll Häuser, die mit mindestens einem Michelinstern ausgezeichnet worden sind. Natürlich sind dort auch die Preise entsprechend. Vorsicht ist dagegen bei den vielen *kvarterskrog,* den preisgünstigeren Gaststätten, und deren Angebot *dagens rätt* angesagt. Diese Tagesgerichte kosten zwar inklusive Salat, Brot und Kaffee oftmals keine 8 Euro, aber leider ist die Qualität nicht immer die beste. In den meisten Gaststätten stellen Sie sich die Mahlzeiten aber wie in einer Kantine selbst zusammen – so können Sie sich zuvor ein Bild machen.

Zur schwedischen Esskultur gehören auch die *gatukök* genannten Straßenküchen. Die dort servierten Hot Dogs und Würstchen mit Kartoffelbrei sind sicher nicht jedermanns Sache, doch

Bild: Gartenrestaurant in Stockholm

Köttbullar, Krebse und Knäckebrot – die schwedische Küche überzeugt mit guten Produkten und einfachen Gerichten

wer nicht wenigstens einmal an einer dieser Imbissbuden gegessen hat, hat nicht die komplette schwedische Küche kennengelernt.

Gefragt nach ihrem Lieblingsessen, lautet die Standardantwort vieler Schweden *husmanskost.* Diese traditionellen Gerichte unterscheiden sich von Region zu Region. Oft gehört Hering dazu und die eine oder andere Art von *bullar,* Frikadellen aus Fisch *(fiskbullar)* oder Fleisch *(köttbullar).* Besonders die vielen Sorten *sill* – Hering, auf lauter unterschiedliche Arten angemacht – zeigen, dass auch aus wenigen Zutaten kreative Küche entstehen kann. Überhaupt wird Fisch viel häufiger serviert als in Kontinentaleuropa. Am beliebtesten ist neben Hering weiterhin Dorsch. Häufig stehen auch Rentier oder Elch auf der Speisekarte.

Viele der traditionellen Gerichte sind an eine bestimmte Jahreszeit gebunden. Im August lädt ganz Schweden zu *kräftskiva* ein, dem alljährlichen Flusskrebsessen. Eine weitere Esstradition ist das *julbord,* ein üppiges Buffet mit Pasteten,

SPEZIALITÄTEN

▶ **älg** – Elch, als gulaschartiger Eintopf (*älggryta*) oder Steak (*älgbiff*) serviert

▶ **filmjölk** – dickflüssige Sauermilch. Pur oder mit Früchten und Müsli ein Genuss

▶ **fiskbullar** – Fischfrikadellen, die es in Dosen im Supermarkt zu kaufen gibt

▶ **hjortronsylt** – Marmelade aus Moltebeeren, erinnert farblich und geschmacklich am ehesten an Sanddorn

▶ **Kalles Kaviar** – Fischeier aus der Tube, zum Teil mit Frischkäse gemischt. Wird einfach aufs Brot gestrichen (Foto li.)

▶ **kanelbullar** – Hefeteig-Zimtschnecken

▶ **knäckebröd** – das klassische schwedische Trockenbrot

▶ **köttbullar** – Fleischklöße, die gerne mit Kartoffeln und Preiselbeermarmelade (*lingon*) gegessen werden

▶ **kräftor** – Flusskrebse, mit reichlich Dill in Salzwasser gekocht. Im August werden sie beim traditionellen *kräftskiva* mit viel Schnaps verzehrt (Foto re.)

▶ **lingon** – Preiselbeeren, werden zu vielen Wildgerichten als Beilage serviert

▶ **lussekatter** – Hefegebäck mit Safran, das traditionell in der Zeit vor Weihnachten gegessen wird

▶ **semla** – Hefegebäck, gefüllt mit einer Marzipansahnemasse, wird gern auf heißer Milch serviert

▶ **sill** – Hering. Eingelegte Filetstückchen (z.B. als *senapsill* in Senfsauce, mit Zwiebeln als *löksill* oder als *skärgårdssill* mit Crème fraîche und Fischrogen) gibt es im Glas in jedem Supermarkt zu kaufen. Alle Sorten stehen an *midsommar* beim *sillbord* auf dem Tisch. Die Heringsfilets werden auch geräuchert oder gebraten gegessen

▶ **surströmming** – um ihn länger haltbar zu machen, wurde Hering früher gegoren. Daraus entstand eine zwar streng riechende, aber außergewöhnlich schmeckende Spezialität

▶ **tunnbröd** – dünnes Brot, eine Art helles Knäckebrot aus Nordschweden. Es wird häufig zusammen mit *surströmming* gegessen

Käse, Fisch und Fleisch, das nur um die Weihnachtszeit herum aufgebaut wird. Während des restlichen Jahres wird zum *smörgåsbord* gebeten, einem Buffet mit ebenfalls jeder Menge schwedischer Zutaten: Hering, Lachs und anderer Fisch in diversen Varianten, Beeren und Pilze, Krabben, Schinken, Pasteten, Käse, frische Früchte und und und. Die Buffets gibt es auf Betriebs- oder Privatfeiern in Restaurants, oder sie werden daheim aufgebaut.

Zum Essen wird in Schweden tagsüber meist Limonade *(läsk)*, Milch *(mjölk)* oder Leichtbier *(lättöl)* getrunken, abends Bier mit normalem oder erhöhtem Alkoholgehalt *(öl* bzw. *starköl)* oder Wein *(vin)*. Getränke mit einem Alkoholgehalt von über 3,5 Prozent können nur in den staatlichen Systembolaget-Geschäften gekauft werden. Die haben zwar eingeschränkte Öffnungszeiten, dafür aber ein hervorragendes Angebot. Weil der Alkohol in Schweden viel Geld kostet, ist es vor allem bei jüngeren Leuten üblich, dass zu Partys und zu Abendessen jeder Gast seine Getränke selber mitbringt. Leitungswasser gibt es in den meisten Restaurants und Kneipen gratis. Es kann bedenkenlos getrunken werden. Nur rauchen dürfen Sie dort nicht. In allen Restaurants und Bars herrscht Rauchverbot.

Das Frühstück ist mit Brot und Marmelade oder Käse eher kontinental ausgerichtet, ein Schluck Sauermilch *(filmjölk)* darf allerdings nie fehlen. Das Mittagessen *(lunch)* wird bereits relativ früh ab 11.30 Uhr eingenommen. Auch das Abendessen, das in Schweden verwirrenderweise *middag* heißt, wird schon gegen 18 Uhr serviert. Als Beilage kommt stets Brot auf den Tisch, das meist mit Zimt gewürzt oder mit Sirup gesüßt wurde. Das berühmte Knäckebrot schmeckt hingegen vor allem nach Korn.

Die Schweden naschen gern. Zum Tee und Kaffee gibt es häufig Zimtschnecken *(kanelbullar)* oder Wienerbrot. In Kiosken und Supermärkten stapeln sich auf langen Regalen Bonbons, Weingummis und andere Süßigkeiten. Die sogenannten *godis* werden grammweise verkauft. Und damit sie nicht im Übermaß genossen werden, haben viele Familien einen *godisdag* eingeführt. Nur an diesem Wochentag bekommen die Kinder ihre heiß geliebten Süßigkeiten.

Egal ob Frühstück, Snack, Mittagessen oder Nachspeise – Beeren spielen eine wichtige Rolle. Besonders im Spätsommer lassen sich die Köstlichkeiten aus

Zu Fisch und Co. wird „Öl" serviert.

Moltebeeren, Preiselbeeren oder Himbeeren genießen. Viele Schweden fahren in den letzten warmen Wochen an einen nur ihnen bekannten „Geheimort" in einem nahen Wald, um die Hausbestände an Blaubeeren wieder aufzufüllen. Während die teuren Moltebeeren vornehmlich bei Desserts zur Anwendung kommen, isst man die günstigeren Preiselbeeren auch zu Fleisch oder Gemüse. Aus vielen Beerensorten werden zudem – für besondere Gelegenheiten – hausgemachte Weine hergestellt.

EINKAUFEN

Jede Region Schwedens hat ihre ganz eigenen Spezialitäten, und fast alle eignen sich sehr gut als Mitbringsel. Das gilt insbesondere für die essbaren Souvenirs. Aber auch ansonsten ist die Bandbreite recht groß; traditionell zählen schwedisches Glas und Design zu den beliebtesten Geschenken. Schnäppchenjäger sollten auf jeden Fall nach herabgesetzter Ware *(rea)*, Artikeln zweiter Wahl oder Restposten *(fynd)* Ausschau halten.

DESIGN

Nicht erst seit Ikea ist Schweden tonangebend, was Wohndesign betrifft. So haben es Accessoires der Gruppe *Designhouse Stockholm (DHS)* schon in den Shop des New Yorker Museum of Modern Art geschafft. Lampen, Geschirr und Kerzenständer von *DHS (www.designhouse.se)* finden Sie in vielen Designläden.

Neben H & M haben sich inzwischen auch andere schwedische Modelabels fest auf dem internationalen Markt etabliert. Kleidung von *Tiger of Sweden, Whyred, Cheap Monday* oder *Acne Jeans* zum Beispiel sind begehrt und in den größeren Städten zu haben.

GLAS

Aus der Gegend um Växjö in Småland, auch *glasriket* (Glasreich) genannt, können Sie bildschöne Vasen, Gläser und Schüsseln der Hersteller *Orrefors (Orrefors Glasbruk | Tel. 0481 3 40 00 | www.orrefors.se)* oder Kosta Boda *(Boda Glasbruk | Tel. 0478 3 45 00 | www.kostaboda.se)* mitnehmen. Seit mehr als 250 Jahren üben südschwedische Glashütten ihr Handwerk aus. Sie können zusehen, wie das Glas hergestellt wird, und es günstig direkt ab Fabrik kaufen.

KUNSTHANDWERK

Samisches Kunsthandwerk wird entlang der nordschwedischen Landstraßen von Samen selbst verkauft; wirkliche Qualitätsprodukte gibt es allerdings nur in den Zentren der samischen Bevölkerung in Lappland wie in *Jokkmokk* (wo auch die entsprechende Handwerksschule ihren Sitz hat) oder in *Gällivare* nördlich des Polarkreises. Ebenfalls handgemacht ist das wohl am häufigsten verkaufte Souvenir in Schweden, das so genannte Dalapferdchen. Das geschnitzte Holztier ist traditionell rot und wird in der Provinz Dalarna hergestellt. Die dekorativen

Shoppen auf Schwedisch: Vom Dalapferdchen bis zur Designerjeans – die besten Tipps für jeden Geschmack und Geldbeutel

Pferdchen sind als Spielzeug oder als Christbaumschmuck beliebt.

LEBENSMITTEL

Als kulinarisches Mitbringsel für daheim seien vor allem nordschwedische Spezialitäten empfohlen: eine Dose *surströmming* (fermentierter Hering) etwa, ein Glas *hjortronsylt* (Moltebeerenmarmelade) oder luftgetrocknetes Rentierfleisch. Die Waren sind lange haltbar und deshalb bestens für den Transport geeignet.

MUSIK

CDs mit schwedischen Weihnachtsliedern oder dem Orchester des Ex-Abba-Stars Benny Andersson bringen ein Stück Kultur des Gastlands mit nach Hause.

OUTLETSHOPS

In stillgelegten Industriegebäuden außerhalb der großen Städte haben sich Outletfirmen wie *Lager 157 (www. lager157.com)* eingerichtet. Mit ihrem Angebot an sehr günstigen Qualitätswaren sind sie attraktiv für eine breite Käuferschicht. In *Ulricehamn* etwa, einem einst verschlafenen Nest in Westschweden, ziehen die Outletgeschäfte über eine Million Besucher pro Jahr an. Empfehlenswert: das Outlet des Wohndesignherstellers *Serholt (Boråsvägen 38 | Gällstad/Ulricehamn | Tel. 0321 710 00 | www.serholt.se).*

TRÖDEL & ANTIKES

Altes schwedisches Design ist ein beliebtes Mitbringsel: Auf dem Land weisen Schilder mit dem Aufdruck *Antik* oder *Loppis* auf Trödelmärkte und -läden hin. Meist werden Möbel und andere Waren verkauft, die der Händler bei Haushaltsauflösungen erstanden hat. Hochwertige Stücke finden Sie eher in einem der vielen Antiquitätenläden in Stockholm. Infos: *www.vintagekartan.se/Stockholm*

DIE PERFEKTE ROUTE

ARKTISCHE BEGEGNUNGEN

Der einsame Bahnhof ❶ *Abisko* → S. 95 (Foto li.) an der Erzbahn vom norwegischen Narvik nach Kiruna (auch erreichbar über die E20) hat es in sich: Hoch über dem Bahnhof und der dazugehörenden Touristenstation erhebt sich der sagenumwobene Berg Njulla, von dessen Aurora Sky Station auf dem Gipfel sich im Frühjahr das Polarlicht und im Sommer die Mitternachtssonne besser sehen lassen als von irgendwo sonst auf der Welt. Auf der Straße oder Schiene, im Winter auch per Motorschlitten oder Skiern geht es nach ❷ *Kiruna* → S. 92, der spannenden Bergbaumetropole, die in den kommenden Jahren einige Kilometer (!) verlegt werden muss.

SCHWEDENS „TRANSSIBIRISCHE"

Über Gällivare geht es weiter durch weitläufige Birkenwälder nach ❸ *Jokkmokk* → S. 95, kulturelles Zentrum der samischen Urbevölkerung und Ausgangspunkt für spannende Wanderungen. Hier kann in den Sommermonaten auf eine der ungewöhnlichsten Bahnstrecken Europas, die über tausend Kilometer lange Inlandsbanan umgestiegen werden. Die Schienenbuszüge sind auf ihrem Weg nach Süd tagelang unterwegs und halten – wenn es Wetter und Fahrplan zulassen – auch mal spontan zum Baden an einem schönen See. Am alten Handelsort ❹ *Arvidsjaur* → S. 97 können Sie die aus 80 Holzhäusern bestehende Samenstadt besuchen. Weiter südlich liegt entlang der E45 und auf dem Weg der Inlandsbahn das malerische ❺ *Sorsele* → S. 98, wo sich das Museum der Inlandsbahn befindet. Der Ort ist außerdem ein idealer Ausgangspunkt für Wanderungen und Angeltouren.

DURCH DAS HERZEN DES LANDES

In ❻ *Östersund* → S. 86 treffen Sie zum ersten Mal auf dieser Route durch das weite schwedische Inland auf etwas urbane Kultur. Wenige Kilometer außerhalb von Jämtlands Hauptstadt tun sich wunderschöne Landschaften auf und liegen wundersame Speisestätten wie das Fäviken Magasinet in ❼ *Järpen* → S. 89. Zurück auf der E45 warten hunderte von stillen Kilometer durch Schwedens Herzen und gleichzeitig am schwächsten besiedelten Region des Landes, Härjedalen. In ❽ *Mora* → S. 84 (Foto re.) versteckte sich einst Schwedens Freiheitskämpfer Gustav Vasa auf der Flucht vor dem dänischen König („Vasalauf"), und im Unesco-Welterbe **9** *Falun* → S. 81 lassen sich die berühmten Skischanzen des Sportzentrum Lugnet besuchen, 2015 Austragungsort der Nordischen Ski-Weltmeisterschaften.

KÖNIGLICHE SPUREN

Per Bahn oder auf der Straße geht es nun weiter ins urbane Schweden. In der Universitätsstadt **10** *Uppsala* →S. 75 finden sich die postantiken Pyramiden des Nordens, die Grabhügel von Alt-Uppsala. In der königlichen Hauptstadt **11** *Stockholm* → S. 32 bieten sich neben Stadtrundgängen und Shoppingtouren Schiffsausflüge in die einzigartige Schärenwelt oder zum Wohnsitz des Königs, dem Schloss Drottningholm an. Auf dem Weg an die Westküste liegt am Vätternsee das malerische **12** *Gränna* →S. 74, Heimatort des berühmtesten Nils-Holgersson-Fans, dem Ballonfahrer Andrée, und Produktionsstätte der berühmten Süßwaren des Landes, der Polka-Schweinchen.

DOLCE VITA AM KATTEGATT

Südlich des mondänen **13** *Göteborg* →S. 56 wartet das schöne Leben auf die Besucher. Wiederholt ist **14** *Varberg* →S. 65 zur besten europäischen Wellness-Destination erkoren worden. Die Provinz Halland gilt unter Fahrradfans als Geheimtipp: Z. B. eignet sich die frühere, direkt am Meer verlaufende Bahntrasse für eine Tour. Entlang der Küste liegen wunderschöne Badestrände und kleine Hafenstädtchen, so dass Sie am Ende Ihrer Tour gut erholt Schwedens drittgrößter Stadt **15** *Malmö* →S. 51 einen Besuch abstatten können. Hier beginnt auch die Öresundbrücke, die Schweden mit Dänemark und dem Rest Europas verbindet.

2500 km. Reine Fahrzeit 40 Stunden. Empfohlene Reisedauer: mind. 1 Woche Detaillierter Routenverlauf auf dem hinteren Umschlag, im Reiseatlas sowie in der Faltkarte

STOCKHOLM

CITY **WOHIN ZUERST?**

Den Anfang können Sie am **Reichstag (U C4)** *(🗺 c4)* machen. Wenige hundert Meter vom Hauptbahnhof entfernt, gilt es von hier die zentralen Teile der Stadt zu erkunden: gen Süden die Altstadt (Gamla Stan) und die Szene-Insel Söder, nach Norden beginnt die Einkaufsmeile Drottningholm, und im Osten tut sich ein erster Blick auf die Unterhaltungs- und Erholungsinseln Skeppsholmen und Djurgården auf. Für das Auto bietet sich als zentraler Parkplatz „Gallerian P-Huset" an der Regeringsgatan 15 ganz im Zentrum an.

KARTE IM HINTEREN UMSCHLAG
(135 E4–5) *(🗺 E13)* **Touristenbüros übertreiben oft, wenn sie ihre Stadt anpreisen. Im Fall von Stockholm (860 000 Ew.) aber geht der Werbeslogan „Schönheit auf dem Wasser" nicht einmal weit genug. Denn außer Wasser hat die Schönheit Stockholm auch jede Menge Grün zu bieten.**

Eine Faustregel lautet: Stockholm besteht zu einem Drittel aus Wasser, zu einem Drittel aus bebauter Fläche und zu einem Drittel aus Grünflächen. Und das Beste: Alle drei Teile sind gleichermaßen sehenswert. Im Sommer laden die Ostsee und der See Mälaren zu Bootsausflügen und Badespaß ein, im Winter können Sie auf Eisflächen spazieren gehen oder Schlittschuh laufen. In den Parks

Bild: Blick auf Stockholms Altstadt mit königlichem Schloss

Am Wasser gebaut: In der schwedischen Hauptstadt treffen Sie überall auf Wasser – und auf ausgedehnte Grünflächen

können Sie zu jeder Jahreszeit wandern und anschließend in den gemütlichen Kaffee- und Teehäusern entspannen.

Die vor über 750 Jahren gegründete Stadt besteht aus vielen Inseln, von denen die historische Altstadt Gamla Stan, der ehemalige Arbeiterstadtteil Södermalm und das Nobelquartier Östermalm die bekanntesten sind. Stockholm ist reich an Museen – neben mehreren Kunstmuseen, die sich fast allen Epochen widmen, gibt es Museen für Musik, Theater und Spielzeug. Das Stadtzentrum

ist relativ klein, man kommt gut ohne Auto aus. Oder Sie benutzen das gut ausgebaute öffentliche Verkehrsnetz *(www.sl.se)*. Ausführliche Informationen zur Hauptstadt Schwedens finden Sie im MARCO POLO Reiseführer „Stockholm".

SEHENSWERTES

Einen Überblick über die aktuellen Ausstellungen bietet *www.stockholmtown.se*. In den meisten Museen ist der Eintritt für Kinder und Jugendliche bis 18 Jahre frei.

DJURGÅRDEN ⭐ ●

(U F4–6) (🗺 f4–6)

Das ehemalige königliche Jagdrevier ist heute eine einzigartige Erholungsinsel mit einer Reihe von Museen und viel Grün. Gleich am Anfang der Insel liegen das *Nordiska Museet (Mo/Di und Do–So 10–17, Mi 10–20 Uhr | Eintritt 90 SEK, Sept.–Mai ab 17 Uhr Eintritt frei | www.nordiskamuseet.se)* mit einer Sammlung zur nordischen Volkskunde sowie

Der Weg nach Djurgården führt über die Brücke vom noblen Strandvägen oder per Boot von der Stadtmitte aus. Mieten Sie sich an der Brücke ein Fahrrad, so können Sie die Insel in einer Stunde umrunden oder einen Tag lang abfahren.

EKOPARKEN ● ♻

(U E–F 4–5) (🗺 e–f 4–5)

Der erste urbane Nationalpark der Welt liegt in Stockholm und zieht sich über

Schauen und shoppen ist in den schmalen Gassen von Gamla Stan ein besonderes Vergnügen

die *Liljevalchs Konsthall (Mi/Fr–So 11–17, Di/Do 11–20 Uhr | Eintritt 80 SEK | www.liljevalchs.stockholm.se)*. Hier werden wechselnde Ausstellungen internationaler Künstler gezeigt.

Empfehlenswert sind zudem der ♻ ökologische Garten *Rosendals Trädgården (Mai–Sept. Mo–Fr 11–17, Sa/So 11–18; Okt. Di–Fr 11–16, Sa/So 11–17, Nov./Dez./März Di–So 11–16 Uhr, April Di–So 11–17 Uhr | www.rosendalstradgard.se)* und sein Café. Sie können dort auch Ökogemüse und Kräuter kaufen.

10 km durch bzw. um die Stadt herum. Hier sagen sich inmitten der Großstadt Hase, Füchse und ab und zu sogar ein Elch gute Nacht. Fünfzig verschiedene Vereine betreiben den ingesamt 27 km² großen Park und bieten zu allen Jahreszeiten Aktivitäten für Kinder und Erwachsene wie Naturspaziergänge, Eislaufen oder auf ökologisches Grundwissen ausgerichtete Bildungsveranstaltungen an. Im *Överjärva Gård* findet zur Sonnenwende ein traditionelles Mittsommerfest in ländlicher Umgebung statt. *ekoparken.org*

FOTOGRAFISKA ★ (U D6) (𝄞 d6)

Das Museum für Fotografie ist einer der größten Treffpunkte für moderne Fotografie weltweit. Es zeigt pro Jahr vier einzigartige Hauptausstellungen und rund 20 kleine Ausstellungen. Zusätzlich zu der großen Ausstellungsfläche beherbergt das Fotografiska einen Buch- und Souvenirshop, ein Restaurant und eine Galerie für Fotografie. 🔆 **INSIDER TIPP** ▶ **Die Bar im obersten Stock bietet eine der schönsten Aussichten** über Stockholm. *Tgl. 10–21 Uhr | Eintritt 110 SEK | Stadsgårdshamnen 22 | fotografiska.eu*

GAMLA STAN ★
(U C–D 4–5) (𝄞 c–d 4–5)

Die Altstadt ist das historische Zentrum von Stockholm und glänzt durch ihre hervorragend erhaltenen, zum größten Teil 300 bis 400 Jahre alten Bauten. Imposante Kaufmannshäuser säumen Gassen und Plätze. Auf dem Hof des königlichen Schlosses wird regelmäßig die Wachablösung in Szene gesetzt. Das *Schloss (Mai–Aug. tgl. 10–16.30, Sept. tgl. 10–15.30, April/Okt. Fr–So 11–15.30, Nov.–11. Dez. und 14. Jan–März Sa/So 12–15.30, 31. Dez.–8. Jan. tgl. 12–15.30 Uhr | Eintritt 100 SEK | www.kungahuset.se)* kann besichtigt werden. Den Kern der Altstadt bildet *Stortorget,* der frühere Hauptplatz, wo auch das Nobelmuseum liegt.

MAGASIN 3 (O) (𝄞 O)

Die Ausstellungsräume für zeitgenössische Kunst hat ein reicher Stockholmer seiner Stadt zum Geschenk gemacht. Das im *Frihamnen* (Freihafen) gelegene Magasin 3 ist einer der interessantesten Plätze für junge Kunst mit Schwerpunkt auf Installationen und Skulpturen. *Do 11–19, Fr–So 11–17 Uhr | Achtung! Kann im Sommer evtl. geschl. sein | Eintritt 60 SEK | www.magasin3.com*

MODERNA MUSEET (U E5) (𝄞 e5)

Schwedens bekanntestes Kunstmuseum beherbergt eine der weltweit größten Sammlungen des 1968 gestorbenen

---

MARCO POLO HIGHLIGHTS

★ **Djurgården**
Natur pur, mitten in der Stadt
→ S. 34

★ **Gamla Stan**
Jahrhundertealte Häuser im historischen Zentrum → S. 35

★ **Nobelmuseet**
Alles über den bekanntesten Preis der Welt → S. 36

★ **Skansen**
Freilichtmuseum und Tierpark liegen mitten in der Stadt → S. 37

★ **Fotografiska**
Internationale Fotokunst → S. 35

★ **Vasamuseet**
Einzigartig: ein fast komplett erhaltenes Schiff aus dem 17. Jh. → S. 37

★ **Schloss Drottningholm**
Der imposante Sitz der Königsfamilie kann besichtigt werden → S. 41

★ **Schloss Gripsholm**
Tucholskys Idylle mit Schloss am See Mälaren, wo im Sommer Dampfschiffe und Dampfloks an derselben Mole zu Ausflügen starten → S. 42

★ **Stockholmer Schären**
Unzählige Inseln umgeben die Hauptstadt – ein Paradies für Kanuten und Segler → S. 43

französischen Objekt- und Konzeptkünstlers Marcel Duchamp. Vor dem vom Spanier Rafael Moneo entworfenen Gebäude liegt ein kleiner Park mit Skulpturen des Künstlerpaares Jean Tinguely und Niki de Saint Phalle. Internationale Künstler sind u. a. mit Pablo Picasso, Salvador Dalí und Louise Bourgeois vertreten. Bildschön ist der Blick über das Wasser bis hin zur Insel Djurgården von der ☀ Terrasse des Museumscafés. Im selben Gebäude liegt auch das Architekturmuseum, nebenan das Ostasiatische Museum. *Di 10–20, Mi–So 10–18 Uhr | Eintritt 100 SEK | Skeppsholmen | www.modernamuseet.se*

NATIONALMUSEUM (U D4) (*d4*)

Das klassische Museum für schwedische und internationale Kunst hat geschlossen. Es wird umfassend renoviert und soll im Herbst 2016 in neuem Glanz wiedereröffnet werden. In der Zwischenzeit werden Teile der Ausstellung an anderen Orten gezeigt. *www.nationalmuseum.se*

NATURHISTORISKA RIKSMUSEET (0) (*0*)

Entdecken Sie die Weite des hohen Nordens, die Entstehungsgeschichte Schwedens und lernen Sie mehr über die Folgen des Klimawandels in Skandinavien. Schwedens größtes Museum, 1739 von Carl von Linné gegründet, bietet mit Imax-Kino und Planetarium zudem dreidimensionale Erlebnisse. *Di–Fr 10–18, Sa/So 11–18 Uhr | Eintritt 80 SEK | Frescativägen 40 | www.nrm.se*

NOBELMUSEET ⭐ ● (U C5) (*c5*)

Zum 100. Geburtstag der ersten Nobelpreisverleihung wurde das Museum in Gamla Stan eröffnet. Im Zentrum stehen der Mensch Alfred Nobel sowie die Forschungsmilieus der bisherigen Preisträger. Im **INSIDER TIPP** *Bistro Nobel* finden sich Unterschriften von Nobelpreisträgern unter den Stühlen. *Okt.–April Di 11–20, Mi–So 11–17, Mai–Sept. Di 10–20, Mi–Mo 10–18 Uhr | Eintritt 80 SEK | Börshuset Stortorget | www.nobelmuseum.se*

Goldener Saal im Stadshuset: Hier dinieren alljährlich die Nobelpreisträger

SKANSEN ⭐ (U F5) (📖 f5)

Im Freilichtmuseum auf der Insel Djurgården sind rund 150 kulturhistorische Bauwerke aus allen Teilen des Landes ausgestellt. In mehreren Gehegen leben Tiere aus der skandinavischen Wildnis. Am 21. Juni findet in Skansen das traditionelle Mittsommerfest statt, im Winter ein Weihnachtsmarkt. Das typisch schwedische Buffet *smörgåsbord* wird im zugehörigen Restaurant ● *Sollidens Matsal* angeboten. *März–April tgl. 10–16, Mai–21. Juni tgl. 10–19, 22. Juni–Aug, tgl. 10–22, Sept. 10–18, Okt. 10–16, Nov.–Feb., Mo–Fr 10–15, Sa/So 10–16 | Eintritt 100 SEK | Djurgården | www.skansen.se*

STADSHUSET 〰 (U A–B4) (📖 a–b4)

Der Ziegelsteinturm mit den drei Kronen auf der Spitze ist das Wahrzeichen der schwedischen Hauptstadt. Die Aussicht über Gamla Stan, Södermalm und Kungsholmen ist einzigartig. In der blauen Halle und dem goldenen Saal des Rathauses findet im Dezember das Nobelpreisdinner statt. Außer dem Turm kann das Stadshuset nur im Rahmen einer Führung besucht werden. *Turm Mai–Sept. tgl. 8.30–16.30 Uhr | Eintritt 40 SEK | Führungen auf Englisch stündl. 10–15 Uhr (im Sommer auch deutschsprachige Führungen) | April–Okt. 80 SEK, Nov.–März 60 SEK | Hantverkargatan 1 | www.stockholm.se/stadshuset*

VASAMUSEET ⭐ (U F4) (📖 f4)

1628 sank die Vasa bei ihrer Jungfernfahrt. Erst 350 Jahre später wurde das Kriegsschiff gehoben. Nun steht es in einem der interessantesten Museen Schwedens. Dokumentiert ist dort auch die spannende Konstruktions- und Bergungsgeschichte des Schiffes. *Juni bis Aug. tgl. 8.30–18, Sept.–Mai tgl. 10–17, Mi 10–20 Uhr | Eintritt 110 SEK | Galärvarvsvägen 14 | www.vasamuseet.se*

INSIDER TIPP ▶ LUX STOCKHOLM (U O) (📖 O)

Eine der besten und angesagtesten kulinarischen Adressen der Hauptstadt. Das Restaurantkonzept basiert auf den vier schwedischen Geschmacksrichtungen: salzig, süß-sauer, geräuchert und würzig. Die Zutaten sind ebenso schwedisch wie das Ambiente. Die Gerichte werden unter den Augen der Gäste mitten im Restaurant zubereitet. *So/Mo geschl. | Primusgatan 116 | Tel. 08 6 19 01 90 | €€€*

OPERAS BAKFICKAN (U C4) (📖 c4)

Hier stehen vor allem traditionelle schwedische Gerichte wie Fleischklopse oder Fisch auf der Speisekarte. Die Gäste sitzen dicht gedrängt auf hohen Stühlen an der Bar oder am Fenster. *So. geschl. | Operahuset | Karl XII:s torg | Tel. 08 6 76 58 00 | www.operakallaren.se | €€*

RIDDARKÄLLAREN (U B–C5) (📖 b–c5)

Im Herzen der schwedischen Hauptstadt bietet das Kellerlokal mit Gartenrestaurant im Sommer gute und günstige Mittagsmenus an. Nach Feierabend verwandelt sich das ruhige Lokal in eine pulsierende Szenekneipe mit wechselnder Kundschaft: Popfans kommen am Freitag und Gays in der Nacht von Samstag auf Sonntag. *Lunch Mo–Fr 9–14.30, Sa ab 22 Uhr | Södra Riddarholmshamnen 19 | Tel. 08 4 11 69 76 | €*

WEDHOLMS FISK (U D3) (📖 d3)

Der Küchenchef versteht sich besonders gut auf die Zubereitung von Meerestieren. Der Guide Michelin hat ihn dafür mit einem Stern gekrönt. Im klassisch-schlichten Ambiente dominieren nordische Hölzer. An der Bar im vorderen Bereich wird etwas günstigeres Essen serviert. *So geschl. | Nybrokajen 17 | Tel.*

Entspannte Souvenirsuche in den Gassen der Altstadt Gamla Stan

Jarlsgatan angesiedelt. Jede Menge Antiquariate säumen die *Drottninggatan.* Das Kaufhaus *Nordiska Kompaniet (NK)* in der *Hamngatan* beherbergt viele renommierte schwedische und internationale Modemarken und eine Abteilung für Glas und Kunsthandwerk.

In *Gamla Stan* gibt es v. a. Touristenläden, die klassische Souvenirs wie hölzerne Dalarnapferde verkaufen, in *Södermalm* rund um die *Folkungagatan* viele kleine Modeboutiquen. Für Designfans sind die *Designtorget*-Geschäfte (z. B. im *Kulturhuset | Sergels Torg*) sowie die *Nybrogatan* mit ihren Möbel- und Antiquitätenläden empfehlenswert. Viele Geschäfte haben auch sonntags geöffnet.

Plattenfans aus aller Welt strömen zu Pet Sounds *(Skånegatan 53 | www. petsounds.se),* das eher an ein Wohnzimmer als an einen Laden erinnert und ein Café sowie eine kleine Buchhandlung beherbergt. In Schwedens berühmtestem Plattenladen können Sie bei Musik jenseits des Mainstreams und einem Kaffee herrlich den Tag verbringen.

08 6117874 | www.wedholmsfisk.se |
€€€

EINKAUFEN

Die großen Einkaufsstraßen liegen in der Nähe von ● *Sergels Torg,* ein paar Gehminuten vom Hauptbahnhof entfernt. Die noblen Modeboutiquen haben sich in der *Bibliteksgatan* und der *Birger*

FREIZEIT & SPORT

Zwischen der Ostsee und dem See Mälaren gelegen, bietet Stockholm beste Bedingungen für Wassersportler. Im Winter frieren die Gewässer der Hauptstadt oft zu und werden zu riesigen Eissportflächen. Achtung – betreten Sie nur Flächen, auf denen schon andere fahren! Bei Schnee können Sie in den Parks zudem hervorragend Langlaufski fahren, und auf einem Berg im Süden der Stadt gibt es gar einen Hang für Abfahrtsskiläufer.

FAHRRADFAHREN UND INLINESKATEN
(U F3) (ﾉﾉ f3)
Direkt an der Brücke zu Djurgården wird bei *Djurgårdsbrons Sjöcafé* jedes Fortbewegungsmittel vermietet, das keinen

Lärm macht und sich deshalb bestens dafür eignet, Stockholms Natur zu entdecken. *Ca. 70–100 SEK pro Stunde | Galärvarvsvägen 2 | Tel. 08 6 60 57 57*

KANUFAHREN (0) (Ⓜ 0)

Eine **INSIDER TIPP** **Kanutour durch die Stockholmer Schären** ist eine schöne (und anstrengende) Alternative zu einer Fahrt mit dem Ausflugsboot. Der Kanuklub *Brunnsvikens Kanotcentral* liegt an einem Ostseeausläufer nördlich des Stadtzentrums. Brunnsviken eignet sich für kleinere Paddeltouren oder als Ausgangspunkt für eine größere Tour in die Schären. *Kanu 150 SEK für 2 Std. | Frescati Hagväg 5 | Tel. 08 15 50 60 | www.bkk.se*

KUTSCHFAHRTEN UND PFERDESCHLITTENTOUREN (0) (Ⓜ 0)

Das Unternehmen *Häståkeriet CW Carina Westman* arrangiert Kutschfahrten und Reitausflüge sowie im Winter Pferdeschlittentouren durch Djurgården. *Ausritt ab 700 SEK pro Stunde p. P., Kutschfahrt ab 400 SEK p. P. | Greve von Essens väg 63 | Tel. 073 6 63 60 08 | www. hastakeriet.se*

INSIDER TIPP LUNCH BEAT

„Wenn du zum ersten Mal an einem Lunchbeat teilnimmst, dann musst du tanzen" ist das Credo der Lunchbeatbewegung, die 2010 in einer Garage in der Stockholmer Innenstadt begann und die schon fast heilige Mittagessenruhezeit revolutioniert hat. Statt sich in ihrer Mittagspause in Ruhe zum Essen niederzulassen, treffen sich die Lunchbeat-Fans zum Tanzen. Es gibt einen DJ, ein Mittagessen, Gespräche über den Job sind tabu, und nach einer Stunde geht's wieder an die Arbeit. Angeboten werden die Events in Stockholm, ganz Schweden und darüber hinaus. *www. lunchbeat.org*

INSIDER TIPP „MILLENNIUM"-TOUR (U C6) (Ⓜ c6)

Auf den Spuren der Meisterhackerin Lisbeth Salander und des Journalisten Mikael Blomkvist gibt es spannende Stadtführungen zu den Orten auf Söder, Kungsholmen und Vasastan, die in den Stieg-Larsson-Bestseller-Romanen vorkommen. Ein spezieller „Millenium"-Stadtplan für eigene Erkundungen ist auch erhältlich. Angeboten werden die Stadtwanderungen (120 SEK) vom Stockholmer Stadtmuseum. *Ryssgården | Slussen | stadsmuseum.stockholm.se*

FREIZEIT & SPORT

Badestrände gibt es sowohl am See Mälaren als auch an der Ostsee und deren Ausläufern sowie auf den vielen Inseln in den Schären. Einige der Strände sind vom Stadtkern aus zu Fuß zu erreichen, andere sind per Bus und Bahn oder per Boot angebunden.

INSIDER TIPP BRUNNSVIKSBADET (0) (Ⓜ 0)

In der Stockholmer Innenstadt gibt es wohl kein anderes Strandbad, das so viel Ruhe, Abwechslung und Kinderfreundlichkeit bietet. Wer nicht den ganzen Tag schwimmen oder auf den Klippen am Rande des Ostseeausläufers Brunnsviken in der Sonne liegen möchte, kann Kanus mieten oder im nahen Botanischen Garten und Haga-Park spazieren gehen. *Frescati Hage | Roslagsbanan Haltestelle Universitet*

LÅNGHOLMENS STRAND OCH KLIPPBAD (0) (Ⓜ 0)

Auch die kleinere Insel Långholmen verfügt über einen empfehlenswerten Badestrand. *Tunnelbana Haltestelle Hornstull | Tel. 08 7 20 85 00 | www. langholmen.com*

Wer es lässig mag, ist in *Södermalm* gut aufgehoben. Die Gegend um *Stureplan* herum ist dagegen sehr schick. Vor den Clubs bilden sich ab 23 Uhr meist Schlangen, manche Türsteher sind sehr streng.

BERNS (U D3) (*m d3*)

Im „Roten Zimmer" des Berns traf sich schon in August Strindbergs 1879 erschienenem gleichnamigen Roman die Stockholmer Künstlerszene. Das Haus mit Bar, Club, Hotel und Restaurant hat bis heute nichts von seinem Reiz verloren. *Tgl. | Berzelii Park |Tel. 08 56 63 22 00 | www.berns.se*

FOLKOPERAN (U B6) (*m b6*)

Vor fast 30 Jahren gegründet, um die klassische Opernwelt aufzufrischen, ist die Stockholmer Volksoper mittlerweile zur Institution geworden. Auch wer kein Schwedisch versteht, bekommt gute Unterhaltung geboten. *Hornsgatan 72 | Tel. 08 6 16 07 00 | www.folkoperan.se*

INSIDER TIPP ▶ SÖDRA TEATERN/ MOSEBACKE (U D6) (*m d6*)

Die Bar mit Konzertbühne ist einer von Södermalms Klassikern. Hier spielen vor allem junge, aufstrebende Bands und etablierte Gruppen jenseits des Mainstreams. Im Sommer können Sie bereits tagsüber auf der riesigen ✹ Terrasse mit herrlicher Aussicht über die Stadt sitzen. *Öffnungszeiten von Veranstaltung abhängig | Mosebacke Torg 3 | Tel. 08 53 19 94 90 | www.mosebacke.se*

ÜBERNACHTEN

Sie sollten früh buchen, v. a. im Sommer sind die Hotels gut gebucht. Zimmer gibt es auch über *Hotellcentralen (Tel. 08 50 82 85 08 | www.*

stockholmtown.com) im Hauptbahnhof. Bed-&-Breakfast-Übernachtungen vermitteln z. B. *Bed & Breakfast Service Stockholm (Tel. 08 6 60 55 65 | www. bedbreakfast.se)* und das *Bed & Breakfast Center Stockholm (Tel. 08 7 30 00 03 | www.bed-and-breakfast.se)*.

AF CHAPMAN & SKEPPSHOLMEN (U D–E5) (*m d–e5*)

Die Jugendherberge ist ganz maritim auf einem alten Segelschiff untergebracht. Es gibt auch Zimmer im Gebäude nebenan. *280 Betten | Flaggmannsvägen 8 | Tel. 08 4 63 22 66 | www. stfchapman.com | €*

JUMBOSTAY (0) (*m 0*)

Für Fans der Fliegerei die Traumadresse auf dem Gelände des Stockholmer Flughafens. Eine umfunktionierte Boeing 747-212B der Singapore Airlines (Baujahr 1976) bietet neben exklusiven Suiten (im Cockpit!) auch günstige Einzel- und Mehrbettzimmer. *76 Betten | Jumbovägen 4 | Stockholm Arlanda | Tel. 08 59 36 04 00 | www.jumbostay.se | €€*

LADY HAMILTON ● (U C5) (*m c5*)

Mitten in der Altstadt gelegen, bietet das Lady Hamilton viel Komfort auf kleinem Raum. Die Nichtraucher-Herberge liegt in einem Haus aus dem 15. Jh. gleich neben dem Königspalast und dem Stockholmer Dom („Storkyrka"). In dem aus dem 13. Jh. stammenden Kellergewölbe ist ein kleiner Swimmingpool eingerichtet worden, der nach einem Saunagang herrliche Abkühlung bietet. *34 Zi. | Storkyrkobrinken 5 | Tel. 08 50 64 01 00 | €€€*

NORDIC LIGHT HOTEL (U B3) (*m b3*)

Gemeinsam mit dem auf der anderen Straßenseite gelegenen *Nordic Sea Hotel* mit der komplett aus Eis geschaffenen

Absolut Icebar Stockholm setzt das neue Nordic Light Hotel auf ein Gesamterlebnis aus Design, Event und Entspannung. Die Lage gleich am Hauptbahnhof und dem Ankunftsgleis des Flughafenexpresszugs ist sehr attraktiv. *175 Zi. | Vasaplan 7 | Tel. 08 50 56 30 00 | www. nordiclighthotel.com | €€€*

AUSKUNFT

HOTELLCENTRALEN (U B4) *(🗺 b4)*
Centralstationen (Hauptbahnhof) | Tel. 08 50 82 85 08 | www.stockholmtown.com

STOCKHOLM TOURIST CENTRE (U C3) *(🗺 c3)*
Sverigehuset | Hamngatan 27 | Ecke Kungsträdgården | Tel. 08 50 82 85 08 | www.stockholmtown.com

ZIELE IN DER UMGEBUNG

BIRKA (135 E4) *(🗺 E13)*
Zu Wikingerzeiten war die auf *Björkö* (Birkeninsel) gelegene Stadt der wichtigste Handelsplatz des Reiches. Überreste der damaligen Bebauung und ein großes Gräberfeld wurden nach und nach entdeckt. Das *Birkamuseet* informiert anschaulich über die Geschichte der Stadt und den Alltag ihrer damaligen Bewohner. *Im Sommer per Boot von Stockholm aus erreichbar | Mai–Sept. Eintritt im Bootsticket inbegriffen | www.raa.se/birka. 30 km westlich*

SCHLOSS DROTTNINGHOLM ⭐
(135 E4) *(🗺 E13)*
Der Sitz der schwedischen Königsfamilie wurde im 17. Jh. in Anlehnung an Schloss Versailles erbaut. Der Museumstrakt im unbewohnten Teil des Hauptgebäudes ist eingerichtet wie zu seinen Entstehungszeiten – schauen Sie sich an, wie die Herrschaften damals wohnten.

Berns: Prunk trifft auf schlichte Eleganz

Im Park stehen der Chinesische Pavillon und das berühmte Schlosstheater mit einer für die damalige Zeit einzigartigen Bühnentechnik. Noch heute, also rund

250 Jahre nach dem Bau der Bühne, finden hier **INSIDER TIPP ▶ in den Sommermonaten Theateraufführungen** statt. Anfang Dezember ist der Park Schauplatz den Begriff „die Seele baumeln lassen". Mit seinem Roman hat Tucholsky das Schloss und seine Umgebung weit über Schweden hinaus bekannt gemacht.

Wenn das Tucholsky noch erlebt hätte: „Sein" Gripsholm – heute so anziehend wie damals

des traditionellen *Julmarknad* (Weihnachtsmarkt). *Park und Schloss Mai–Aug. tgl. 10–16.30, Sep. tgl. 11–15.30, April/Okt. Fr–So 11–15.30, Nov–11. Dez. und 14. Jan.– März Sa/So 12–15.30, 31. Dez.–8. Jan. tgl. 12–15.30 Uhr | Eintritt 100 SEK | Tel. 08 4 02 60 00 | www.kungahuset.se. 10 km westlich*

SCHLOSS GRIPSHOLM ★ ●
(135 E5) (*Ш E13*)

Kurt Tucholsky schrieb 1931 mit „Schloss Gripsholm" eine Hommage an seine schwedische Exilheimat und das entspannte Leben dort. Darin prägte er

Das Städtchen Mariefred (5000 Ew.) mit dem massiven, festungsartigen Schloss liegt direkt am See Mälaren und kann von Stockholm aus im Sommer auch per Boot angefahren werden.

Wie so viele Bauten in Schweden wurde auch Schloss Gripsholm von König Gustav Vasa in Auftrag gegeben. Die 1544 fertig gestellte Anlage mit ihren wuchtigen Türmen diente unter anderem als Gefängnis, Karl V., ihr letzter Bewohner, lebte dort bis 1864. *Mitte Mai–Mitte Sept. tgl. 10–16, Mitte Sept.–Nov. und erste Mai hälfte Sa/So 12–15 Uhr | Eintritt 100 SEK | www.gripsholmsslott.se. 60 km westlich*

STOCKHOLMER SCHÄREN ★

(135 F4–5) (*ω F13–14*)

Stockholm ist bekannt für seine wunderschöne Inselwelt direkt vor den Toren der Stadt. Im Sommer kann in der Meereslandschaft mit ihren über 24 000 Inselchen und Schären geschwommen, gesegelt und sonnengebadet werden. Berühmtestes Ziel ist *Sandhamn* mit seinem großen Segelhafen. In der Bar am Hafen ist auch abends jede Menge los. Auch der Winter ist in den Schären überaus reizvoll. Die Landschaft wirkt noch karger und rauer als sonst – ein Naturerlebnis, das man so schnell nicht vergessen wird.

Führungen durch die Schärenwelt vermittelt die ● *Schären-Stiftung (Tel. 08 4 40 56 00 | www.skargardsstiftelsen.se)*. Auf etlichen Inseln gibt es Zeltplätze, Jugendherbergen und Hotels. Einige Inseln können per Auto oder Bus erreicht werden. Ausflugsboote in die Schären fahren vom Nybroplan und Strandvägen. Kostenlos geht es zudem mit den ● *Fähren des Schwedischen Verkehrsamts* von Insel zu Insel. Wo genau diese Gratisschiffe verkehren, erfahren Sie unter: *trafiverket.se/farja oder Tel. 08 54 44 15 00*.

INSIDER TIPP ▶ VÄLLINGBY

(135 E4) (*ω E13*)

Wenn Sie sich einen unverfälschten Eindruck von Stockholm und den Lebensbedingungen der Einwohner der schwedischen Hauptstadt machen wollen, sollten Sie unbedingt einmal in den Vorort Vällingby fahren. In den 1950er-Jahren beschlossen die regierenden Sozialdemokraten, am Rand der Hauptstadt sogenannte ABC-Vororte zu errichten, um den Wohnungsmangel wirksam zu bekämpfen. Diese Orte sollten Arbeitsstätten *(arbete)*, Wohnungen *(bostad)* und ein lebendiges Zentrum *(centrum)* bieten und den Stockholmern ein angenehmes Wohnen und Leben ermöglichen. Vällingby – wo u. a. Persönlichkeiten wie Olof Palme oder Abba-Erfinder Benny Andersson ihre Wurzeln haben – ist ein architektonisches und städtebauliches Experiment und ein interessantes Kontrastprogramm zum historischen Stadtkern Stockholms. Architekten und Städtebauer aus der ganzen Welt zieht es zu dem riesigen Komplex aus Wohnungen, Büros und Geschäften. *U-Bahnstation Vällingby | www.vallingbycity.se. 10 km nordwestlich*

LOW BUDGET

▶ Aus der schwedischen Hauptstadt stammt das mittlerweile weltweit erfolgreiche Gratiszeitungskonzept *Metro*; es gibt hier inzwischen weitere 47 kostenlose Zeitschriften und Zeitungen. Abgesehen von rein schwedischen Veranstaltungs- und Musikblättern wie *Groove* erscheinen das Reisemagazin *Stockholmtown (www.stockholmtown.com)* und das Gaymagazin *QX (www.qx.se)* auch in englischer Version. Die Gazetten liegen in Hotels, Bars und Clubs aus.

▶ Zwar ist der Gratiszugang zu Stockholms Museen abgeschafft, aber mit der *Stockholm Card* haben Sie nicht nur freie Fahrt in allen öffentlichen Verkehrsmitteln, sondern auch freien Eintritt zu mehr als 80 Museen und Sehenswürdigkeiten in der Stadt. Die Karte gibt es für ein, zwei, drei oder fünf Tage, sie kostet ab 450 SEK, ist in Touristenbüros, Bahnhöfen und über *www.stockholmtown.com* erhältlich.

DER SÜDEN

Idyllische Städtchen am Vätternsee, historische Fischerdörfer an der Ostseeküste, traditionsreiche Arbeiter- und Universitätsstädte sowie die zwei größten Inseln des Landes: Der Süden ist eine abwechslungsreiche Gegend, zu der mit Småland und Schonen die bekanntesten Landschaften Schwedens gehören.

Es gibt keinen schöneren Zugang zum Süden, als mit dem Auto oder dem Zug über die Öresundbrücke von Dänemark aus ins Land zu fahren und dann an jeder Ecke Halt zu machen. Die alte Arbeiterstadt Malmö hat seit der Eröffnung der Brücke im Jahr 2000 einen neuen Aufschwung erlebt – viele Dänen zieht es dorthin, weil die Lebenshaltungskosten niedriger sind als in ihrer Hauptstadt und es im Hinterland Malmös noch jede Menge unverfälschte Natur gibt. Dazu ist die Lebensqualität hoch.

Im Landesinneren der südlichen Provinz Skåne (Schonen) lockt die Dom- und traditionsreiche Universitätsstadt Lund mit ihren vielen historischen Bauten und dem pulsierenden Studentenleben. Schwedens bekannteste Region ist Småland – dank Astrid Lindgren, die ihre Geschichten hier ansiedelte. Eine Tour durch diese Landschaft ist wie eine Fahrt mit den Kindern aus Bullerbü auf dem Heuwagen. Vor der Ostküste Smålands liegen die beiden Ostseeinseln Öland und Gotland. Im Sommer werden sie zu den beliebtesten Badeinseln der Nation, im Herbst und Frühjahr bleiben die Besucher fast aus. Dann verwandeln sich Öland und Gotland zu Orten der Ruhe.

Bild: Steinsetzung bei Gettlinge auf der Insel Öland

GOTLAND

(133 F1–3) (🗺 F15–16) Auf der größten Insel der Ostsee herrscht ein milderes Klima als im Rest des Landes – das zieht die Wärme suchenden Schweden an.
Hier gedeihen sogar Orchideen. Visby, Gotlands einzige Stadt, war einst ein wichtiges Mitglied des Hanseverbunds. Mit den schmucken Häusern und der mittelalterlichen Ringmauer ist der ehemalige Reichtum Visby noch heute

anzusehen. An den Küstenstreifen ragen die für Gotland so charakteristischen, bizarr geformten Felstürme, *Raukar* genannt, auf.

SEHENSWERTES

FÅRÖ ⭐

Kilometerlange Strände, von der Natur geschaffene Felsskulpturen und eine Kirche mit mittelalterlichem Fundament – die im Norden vorgelagerte Insel Fårö bietet alle Highlights Gotlands auf engs-

In Gotlands einziger Stadt Visby ist das Mittelalter noch präsent

tem Raum (*8 Min. Fährüberfahrt jede halbe Stunde ab Fårösund*). Kein Wunder, dass der Regisseur Ingmar Bergman die Ostseeinsel 1965 als Zufluchtsort erwählte. Um weiter arbeiten zu können, hatte er sich in der Scheune seines Hauses ein Kino eingerichtet.

Wer über Nacht bleibt, bucht sich am besten im Feriendorf mit angeschlossener *Jugendherberge (Sudersand | Fårösund | 55 Betten | Tel. 0498 22 36 39 | www.sudersand.se | €)* ein oder bei *Fårögården Bed & Breakfast (Fårösund | Tel. 0498 20 35 02 | www.farogarden.se | €)*.

LÄNSMUSEET GOTLAND

In den Ausstellungen der neun zum *Länsmuseet Gotland (www.gotlandsmuseum. se)* gehörenden Häuser und historischen Stätten spiegelt sich die künstlerische und kulturhistorische Entwicklung der Insel wider. Das *Kunstmuseum in Visby (1. Mai–20. Juni Di–So 11–16, 21. Juni–15. Aug. tgl. 11–17 Uhr | Eintritt 100 SEK | St. Hansgatan 21 | Visby)* zeigt vor allem Malerei aus dem 19. und 20. Jh. Das *Fornsalen (Mai–Sept. Di–So 12–16 Uhr | Eintritt 50 SEK | Strandgatan 14 | Visby)* zeigt beeindruckende Schätze aus der Wikingerzeit und mittelalterliche Kirchenkunst. Im Süden liegt *Petes Museigården (Juni bis Aug. tgl. 11–17 Uhr | Eintritt frei | Führungen 50 SEK | Hablingbo | www.musei gardenpetes.se)*, ein originalgetreu eingerichtetes Haus aus dem 18. Jh., in dem die meisten Möbel die Zeitreise in die Vergangenheit mitgemacht haben. Auf der **INSIDER TIPP** Terrasse mit schönem Meerblick werden Kaffee und Kuchen serviert.

MARCO POLO HIGHLIGHTS

ESSEN & TRINKEN

KAPITELHUSGÅRDEN

Hinter der schweren Holzpforte unweit des gotländischen Museums verbirgt sich ein kleines gastronomisches Paradies – ein Wirtshaus wie im Mittelalter. Nicht nur die Rezepte sind alt, es wird auch so gegessen wie anno dazumal. *Juni–Aug. Di–So, Mittelalterwoche tgl. | S:t Drottensgatan 8 | Visby | Tel. 0498 24 76 37 oder 0707 98 30 62 | www.kapitelhusgarden.se | €€*

NUNNAN OCH BAGERIET

Vasilis Kanellos hat am Hauptplatz der gotländischen Metropole einen richtigen Treffpunkt geschaffen, an dem Einheimische und Gäste bei griechischem Essen und mittelalterlicher Musik zusammen-

⭐ **Fårö**
Inseltraum fernab vom Trubel
→ S. 45

⭐ **Visby**
Auf den Spuren der mittelalterlichen Hanse → S. 47

⭐ **Varvet**
Marinegeschichte auf dem Gelände einer alten Werft → S. 49

⭐ **Kalmar**
So schön, dass ihm eine eigene Insel gebührt: Imposant thront Schloss Kalmar am Rand der Stadt → S. 50

⭐ **Moderna Museet**
Das alte Elektrizitätswerk in Malmö beherbergt eines der interessantesten Kunstmuseen des Landes → S. 52

VISBY ⭐ ●

Gotlands einzige Stadt (22 000 Ew.) kann ihre mittelalterlichen Wurzeln nicht verbergen: Die engen Gassen und Häuser mit Treppengiebel sind von einer bis zu 12 m hohen und über 3 km langen Stadtmauer umgeben. Der Grundriss Visbys entspricht auch heute noch weitgehend dem vor 700 Jahren, viele historische Häuser sind erhalten. Besonders sehenswert, da in bestem Zustand, ist die *Gamla Apoteket (Alte Apotheke | Strandgatan)*. In der einstigen Hansestadt gab es im Mittelalter mindestens 16 Kirchen, für einen Ort dieser Größe unglaublich viele. Nur die Domkirche wird noch genutzt, die anderen sind Ruinen oder völlig zerstört. In der ersten Juliwoche trifft sich im Ort seit Olof Palmes Zeiten die politisch interessierte Öffentlichkeit aus ganz Schweden.

kommen und feine hausgemachte Teigwaren oder viele kleine Vorspeisen genießen. *Tgl. | Stora Torget 7 | Visby | Tel. 0498 21 28 04 | nunnan.com | €€*

SMAKRIKE KROG

Auch kulinarisch besteht Gotland längst nicht nur aus Visby. In Ljugarn an der Südostküste sorgt das Wirtspaar Lotta und Rickard Hasselblad für besonders geschmackvolle Erlebnisse. Empfohlen seien u. a. die hausgemachten Teigwaren mit Schafskäse- und Selleriefüllung. *Jan./Feb. geschl. | Claudelins väg 1 | Tel. 0498 49 33 71 | www.smakrike.se | €€€*

ÜBERNACHTEN

FERIENHÄUSER

Über die ganze Insel verstreut liegen viele Feriendörfer und -häuser, die meisten an der Westküste. Zum nächsten Strand ist es nie weit. *Gotlands Turistservice (Tel. 0498 20 33 00 | www.gotlandsturistservice.com)* vermittelt Unterkünfte in den meisten Anlagen.

WISBY JERNVÄGSHOTELL

Seit über 40 Jahren ist das gotländische Eisenbahnnetz stillgelegt, doch in Visby können Sie noch immer im „Eisenbahnhotel" übernachten. Und das zu sehr moderaten Preisen im Zentrum der Altstadt. Das familiäre Hotel ist ganzjährig geöffnet, in der Nebensaison ist aber eine telefonische Voranmeldung erforderlich. *6 Zi. | Adelsgatan 9 | Visby | Tel. 0498 20 33 00 | www.gtsab.se/bo-bra/wisby-jernvagshotell | €*

WISBY HOTELL

Mittelalterliche Säulengewölbe treffen auf skandinavisches Design: zentral gelegenes Haus mit sehenswerter Architektur. *134 Zi. | Strandgatan 6 | Visby | Tel. 0498 25 75 00 | www.wisbyhotell.se | €€€*

AUSKUNFT

GOTLANDS TURISTFÖRENING

Skeppsbron 4–6 | Visby | Tel. 0498 20 17 00 | www.gotland.info

KARLSKRONA

(133 D4) (⊅ D17) Am Ende einer Bucht hinter den südöstlichen Schären gelegen, verteilt sich Karlskrona (61 000 Ew.) auf zahlreiche Inseln.

Jahrhundertelang hat die Marine die Stadt geprägt. Der Beschluss, Karlskrona zum Marinestützpunkt auszubauen, fiel nach dem Frieden von Roskilde (1658). Damals bekam Schweden Teile von Dänemark zugeschlagen. Um das vergrößerte Reich besser verteidigen zu können, wurde ein Flottenstützpunkt im Süden errichtet. Anfang des 18. Jhs. gehörte Karlskrona zu den drei größten Städten des Landes. Mittlerweile ist der Einfluss der Seestreitkräfte stark zurückgegangen. Die beeindruckenden Bauten am Stortorget zeugen aber noch von der früheren Bedeutung Karlskronas.

SEHENSWERTES

MARINMUSEUM

Hier wird die militärische Geschichte des Ortes lebendig. Gezeigt werden Bootsausrüstungen sowie historische Modelle der auf der Werft gebauten Schiffe. Highlight ist ein gläserner Tunnel, der die Sicht auf ein im Wasser liegendes Schiffswrack aus dem 18. Jh. freigibt. *Okt.–April Di–So 10–16, Mai tgl. 10–16, Juni–Aug., tgl. 10–18 Uhr | Eintritt Mai–Sept. 100 SEK, Okt.–Dez. frei | www.marinmuseum.se*

STORTORGET

Imposant sind die Bauten rund um den zentralen Platz Stortorget, die höchste

Erhebung der Stadt. Die *Fredriks-* und die *Dreifaltigkeitskirche* wurde Mitte des 18. Jhs. im Auftrag der deutschen Gemeinde entworfen. Auf dem Platz steht auch die Statue des ehemaligen Regenten Karl XI. Am 20. Juni, dem Tag vor Mittsommernacht, wird hier der *Lövmarknad* abgehalten. Auf dem Markt werden u. a. hübsche Blumenkränze verkauft, geflochten aus Pflanzen der Region Blekinge. Am Rand des Stortorget steht das Rathaus.

VARVET ⭐

Das Gelände der alten Werft lässt allein durch seine Ausmaße die frühere Bedeutung Karlskronas als Marinestützpunkt erahnen. Der ganze südliche Teil der Halbinsel Trossö ist Werftgelände. Die **INSIDER TIPP** riesige Reepschlägerbahn (gebaut 1692–93), in der bis 1960 Schiffstaue hergestellt wurden, ist mit 300 m Länge Schwedens längster Holzbau. Die Anfang des 18. Jhs. errichteten Trockendocks Lindholmsdock und Polhemsdock waren die ersten ihrer Art im Lande und sind bis heute in Betrieb. Während früher bis zu 270 Mann das Dock per Hand mit Hilfe von Ledersäcken leerten, übernehmen heutzutage Pumpen diese Arbeit. In den Sommermonaten werden Führungen durch das Weltkulturerbe angeboten. *www.karlskrona.se*

Alles über Schiffe: Marinmuseum

ESSEN & TRINKEN

NYA SKAFFERIET

Mit Aussicht auf einen der größten Plätze Schwedens werden hier feine Salatbuffets und Häppchen im italienischen Stil angeboten. *So geschl. | Rådhusgatan 9 | Tel. 0455 1 71 78 | nyaskafferiet.se | €–€€*

STRÄNDE

Die Schären von Karlskrona eignen sich hervorragend für einen Badeausflug. Die größeren wie *Aspö, Tjurkö* und *Sturkö* sind auch mit dem Auto erreichbar, schöner ist jedoch eine Bootstour. Auf vielen der Inseln gibt es Feriendörfer und Campingplätze.

ÜBERNACHTEN

HOTELL CONRAD

Familienhotel im Zentrum. Golfspieler können gegen einen kleinen Aufpreis eine der vielen Anlagen in der Umgebung Karlskronas nutzen. *58 Zi. | Västra Köpmansgatan 12 | Tel. 0455 36 32 00 | www.hotelconrad.se | €€*

Fast zu schön, um wahr zu sein: Das Renaissanceschloss Kalmar liegt auf einer eigenen Insel

AUSKUNFT

Stortorget 2 | Tel. 0455 30 34 90 | www. visitkarlskrona.se

ZIELE IN DER UMGEBUNG

KALMAR ⭐ (133 D3) (*D17*)

So massiv, als könne es auch heute von niemandem eingenommen werden, thront das am besten erhaltene Renaissanceschloss des Landes auf einer Insel im Slottsfjärden. Kalmar (35 000 Ew.) war lange bedeutende Handelsstadt an der Grenze zur ehemals dänischen Provinz Blekinge. Ende des 14. Jh wurde hier die „Kalmarer Union" gegründet, ein Zusammenschluss der Königreiche von Schweden, Dänemark und Norwegen, der bis 1523 bestand. Seit dem Bau der Autobrücke nach Öland ist die Stadt bestens für einen Zwischenstopp geeignet. Das Kalmarer Schloss ist heute ein Museum, besonders sehenswert sind die luxuriösen Schlafgemächer *(Mai/Juni/ Sept. tgl. 10–16, Juli 10–18, Aug. 10–17 Uhr, Okt.–April nur am Wochenende bzw. jedes zweite Wochenende geöffnet | Eintritt 90 SEK | Kungsgatan 1 | www. kalmarslott.kalmar.se). 80 km nordöstlich*

Von Kalmar sind es noch gut 130 km nördlich bis in die typisch småländische Kleinstadt *Vimmerby* (8000 Ew.), Astrid Lindgrens Heimatort, wo ein Museum und ein **INSIDER TIPP** Freilichtpark Jung und Alt in den Bann der bekanntesten Kinderbuchautorin der Welt ziehen *(www.alv.se)*.

ÖLAND (133 D–E 2–4) (*D–E 16–17*)

Rau und lang gestreckt wie die Schneide eines Messers ist die zweitgrößte Insel Schwedens. Weil es nirgends weit zur Küste ist, pfeift der Wind überall auf der Insel. Dafür kann man fast überall baden. Auch für Radtouren eignet sich Öland bestens. Sehenswert ist nahe Borgholm (2500 Ew.) die Ruine von *Schloss Borgholm (Museum April/Sept. tgl. 10–16, Mai–Aug. tgl. 10–18 Uhr | Eintritt 70 SEK | www.borgholmsslott.se)*, das Anfang des 19. Jhs. durch einen Brand zerstört wurde. *100 km nordöstlich*

11–17 Uhr | Eintritt 50 SEK | Vilhelm Mobergs gata 4 | www.utvandrarnashus.se).
110 km nordwestlich

MALMÖ

(132 B5) (⊞ B18) **Die alte Industriestadt im Süden ist für viele Reisende ihr erster Anlaufpunkt in Schweden. Wer mit dem Zug oder Auto von Kopenhagen aus über die Öresundbrücke anreist, landet fast unweigerlich in Schwedens drittgrößter Stadt (270 000 Ew.).**

Malmö ist zugleich Hauptstadt der Provinz Skåne (Schonen). Der historische Stadtkern liegt auf einer Insel direkt vorm Hauptbahnhof. Ausflugsboote schippern über die Kanäle, eine herrliche Art, um die Hafenstadt zu erkunden. Wer durch die weitgehend verkehrsberuhigten Gassen schlendert, fühlt sich wie in einer Kleinstadt. Ganz anders der neue Stadtkern: Hier reihen sich Plattenbauten an alte Bürgerhäuser. Mit seiner aus der ganzen Welt stammenden Bevölkerung ist Malmö Schwedens multikulturellste Stadt und hat ihren Ruf, grau und langweilig zu sein, längst ablegen können.

VÄXJÖ (132 C3) (⊞ C16)
Die alte Universitäts- und Handelsstadt (77 000 Ew.) ist Zentrum des *Glasriket* (Glasreich), in dem Schwedens traditionsreiche Glashütten stehen. Zwischen Växjö und Kalmar sind noch mehr als ein Dutzend Glashütten in Betrieb, die größtenteils besichtigt werden können. Die bekannteste *Glashütte in Boda (Boda Glasbruk | Sommer Mo–Fr 9–15.30, Sa/So 11–17 Uhr | Tel. 0478 345 00 | www.kostaboda.se)* bietet mit dem `INSIDER TIPP` *Kosta Boda Art Hotel (102 Zi. | Stora vägen 75 | Kosta | Tel. 0478 348 30 | www.kostabodaarthotel.se | €€€)* eine stilvolle Übernachtungsgelegenheit an. In Växjö beeindrucken der Dom mit dem Doppelturm und das moderne Konzerthaus. Zwischen 1850 und 1930 haben rund 1 Mio. Schweden ihr Land verlassen, um in Amerika ihr Glück zu suchen – diese Exilantenwelle steht im Mittelpunkt einer Dokumentation im Haus der Auswanderer, dem *Utvandrarnas Hus (Sept.–April Di–Fr 10–17, Sa/So 11–17, Mai–Aug. Mo–Fr 10–17, Sa/So*

⊞ WOHIN ZUERST?

Das Auto stellen Sie am besten im Q-Parkhaus beim Hauptbahnhof ab, von wo Sie zu Fuß oder per Stadtbus in wenigen Minuten zum **Riberborgsstrand** gelangen. Von dort bestaunen Sie (im Café) das höchste Gebäude Schwedens, den Turning Torso und haben die imposante Öresundbrücke mit Dänemarks Hauptstadt Kopenhagen im Blick. In Ihrem Rücken liegt die weitgehend autofreie Innenstadt Malmösnen für einen Bummel.

MALMÖ

SEHENSWERTES

GAMLA STADEN

In der Altstadt, dem historischen Stadtkern, gibt es jede Menge Geschäfte, Cafés und Restaurants, v. a. rund um den Marktplatz *Stortorget*. Am Baustil der Häuser erkennt man die Nähe zu Dänemark, zu dem Malmö und Skåne lange Zeit gehörten.

MALMÖ KONSTHALL

Eine große Halle mit viel Platz für zeitgenössische, zumeist nordeuropäische Kunst. *Mo–Fr 11–17, Mi 11–21 Uhr | Eintritt frei | St. Johannesgatan 7 | www.konsthall.malmo.se*

MODERNA MUSEET ⭐

Malmös zweites Haus für zeitgenössische, vor allem nordeuropäische Kunst, ist in einem alten Elektrizitätswerk untergebracht. Das Museum (früher Rooseum) lädt immer wieder Künstler ein, einige Monate in Malmö zu arbeiten und ihre Werke anschließend auszustellen. *Sept.–Mai Mo–Fr 10–16, Sa/So 12–16, Juni–Aug. tgl. 10–16 Uhr | Eintritt 50 SEK | Gasverksgatan 22 | www.modernamuseet.se*

SLOTTET MALMÖHUS

Im ältesten erhaltenen Renaissanceschloss Nordeuropas gibt es außer dem Schlossmuseum auch eine Art Aquazoo sowie Ausstellungen zur Geschichte und Natur. *Sept.–Mai tgl. 12–16, Juni–Aug. tgl. 10–16 Uhr | Eintritt 40 SEK | Malmohusvägen 6 | www.malmo.se/museer*

SLOTTSPARKEN

Direkt am Rand der Altstadt gelegen, ist der Schlosspark das zentrale Naherholungsgebiet der Malmöer. Alte Bäume, ein See und Wiesen machen ihn zum beliebten Ziel für freie Nachmittage und Abende.

TEKNIKENS OCH SJÖFARTENS HUS

Technikfreunde kommen in den benachbarten Häusern voll auf ihre Kosten. Ausgestellt sind im Technik- und Schifffahrtsmuseum Fahrzeuge, Flugapparate, Boote und nautisches Gerät von der Wikingerzeit bis heute. Eine Dauerausstellung zeigt die Entwicklung Malmös von der Kaufmanns- und Handwerkerstadt bis zur Dienstleistungshochburg. *Sept.–Mai Mo–Fr 10–16, Sa/So 12–16, Juni–Aug. tgl. 10–16 Uhr | Eintritt 40 SEK | Malmöhusvägen | www.malmo.se/museer*

VÄSTRA HAMNEN

Auf dem Reißbrett entwarfen Architekten einen neuen Stadtteil, der dem ehemaligen Hafengelände neues Leben einhauchen soll. Hier steht auch Malmös neues Wahrzeichen, das 54 Stockwerke hohe Büro- und Wohnhaus *Turning Torso (www.turningtorso.se)*. Mit 190 m Höhe ist es das höchste Wohnhaus Europas, in dem aus Mangel an Käufern Wohnungen auch (für kurze Zeit) gemietet werden können.

ESSEN & TRINKEN

ATMOSFÄR

Leichte Küche mit viel Fisch, eines der besten Restaurants des Landes. Da kann man darüber hinwegsehen, dass der Service in dieser Preisklasse besser sein könnte. *So geschl. | Fersens väg 4 | Tel. 040 12 50 77 | www.atmosfar.com | €€€*

FRANSKA BAGERIET

Das Lokal lädt von außen kaum zum Verweilen ein. Doch hat man erst ein Plätzchen gefunden, wird man vom breiten und köstlichen Angebot an Backwaren und Getränken überrascht. Für schwedische Verhältnisse ungewöhnlich, öffnet die *Franska Bageriet* zudem schon frühmorgens um 5 Uhr. *So geschl. | Henrik Smiths gata 8 A | Tel. 040 97 33 52 | €*

SALT & BRYGGA ⏱

Meerestiere (z. B. gegrillte Muscheln und Bouillabaisse) stehen ganz oben auf der Speisekarte der Küche, die ökologische Zutaten bevorzugt. *Sundspromenaden 7 | Tel. 040 6 11 59 40 | www.saltobrygga.se | €€*

SALUHALLEN

In den Markthallen in der Altstadt gibt es gleich eine Handvoll Restaurants – vom Schnellimbiss bis zum noblen Fischrestaurant. *So geschl. | Johan P. Lilla Torg | €–€€*

Wahrzeichen Turning Torso: Wer hat denn daran gedreht?

AM ABEND

INSIDER TIPP ▶ SLAGTHUSET

Im alten Schlachthaus nördlich des Hauptbahnhofs trifft sich halb Malmö zum Trinken, Essen und Tanzen. *Carlsgatan 12A | Tel. 040 6 99 80 20 | www.slagthuset.se*

TEMPO BAR & KÖK

Lokal mit Bar, stets lockere Stimmung. *Tgl. | Södra Skolgatan 30 | Tel. 040 12 60 21 | www.tempobarokok.se*

ÜBERNACHTEN

Es empfiehlt sich, über die Website *www.malmo.se/turist* zu buchen, dort gibt es häufig Sonderangebote.

MALMÖ CITY

In einem modernen Gebäude in der Innenstadt gelegen, bietet diese Herberge des Schwedischen Tourismusverbands Einzel- bis Sechserzimmer zu sehr moderaten Preisen an. Nach Wahl kann ein voller Hotelservice hinzugebucht werden, oder aber die Betten und Zimmer müssen wie in einer Jugendherberge vor der Abreise selbst gemacht werden. *40 Zi. | Rönngatan 1 | Tel. 040 6 11 62 20 | www.malmohostel.se | €*

MAYFAIR HOTEL TUNNELN

Der ehemalige Sitz des königlichen Statthalters und Übernachtungsort dänischer und schwedischer Könige wurde vor über 100 Jahren in ein Hotel umgewandelt – und gilt heute als eines der besten Traditionshäuser ganz Schwedens. Das Hotel bietet innerhalb der aus dem 13. Jh.

stammenden Mauern jeglichen Komfort und verfügt über besondere Romantikzimmer und Familiensuiten. *79 Zimmer | Adelgatan 4 | Tel. 040 10 16 20 | mayfair tunneln.com | €€€*

THE MORE HOTEL ☺

Die frühere Schokoladenfabrik Mazetti ist jetzt ein Studiohotel mit ausgeprägtem ökologischem Profil: Jeder sortiert seinen Abfall selbst, pro Gast wird ein Baum gepflanzt und die kleinen Saunen in den geräumigen Studiowohnungen werden mit erneuerbarer Energie geheizt. *Norra Skolgatan 24 | Tel. 040 6 55 10 00 | www.themorehotel.se | €€*

LOW BUDG€T

▶ *Stenåsabadets Camping* liegt wunderschön an der ruhigen Westküste der Ostseeinsel Öland und bietet den Stellplatz für Zelt oder Wohnwagen für umgerechnet 20 Euro die Nacht – auf Wunsch mit Stromanschluss. Wer's solider mag, mietet eine der Hütten für 45 Euro/Nacht. *Slagerstad | Mörbylånga | Tel. 0485 4 40 78 | www.stenasa.com*

▶ Bernsteine gibt es auch in Schweden. Davon kann man sich im *Bernsteinmuseum* im Süden Ostschonens bei Ravlunda überzeugen. 1969 wurde hier ein über 10 kg schweres Stück gefunden. Gehen Sie in der Umgebung des Museums auf die Suche und finden Sie Ihren eigenen Bernstein – ganz umsonst. *Mitte Mai–Mitte Sept. tgl. 11–17, Juli–Mitte Aug. tgl. 10–18, Mitte Sept.–Mitte Mai Sa 11–15 Uhr | Eintritt 20 SEK | Södra Mariavägen 4 | Höllviken | www.brost.se*

AUSKUNFT

TURISTBYRÅ

Börshuset | Skeppsbron 2 | Tel. 040 34 12 00 | www.malmo.se/turism

ZIELE IN DER UMGEBUNG

FALSTERBO ● (132 B5) (*ω B18*)

Die Halbinsel liegt im südwestlichsten Zipfel Schwedens und gilt unter Vogelexperten als absoluter Geheimtipp. Kein Wunder, denn mehrere hundert Millionen Zugvögel, die im Frühjahr nach Nordeuropa fliegen und sich bei Einbruch der kalten Jahreszeit wieder in Richtung Süden aufmachen, legen in Falsterbo einen Zwischenstopp ein oder überfliegen die Halbinsel in tiefer Höhe, bevor sie den Flug über die Ostsee in Angriff nehmen. Die feinen Sandstrände des Orts, der durch den Falsterbo-Kanal vom Festland getrennt ist, gehören zu den schönsten ganz Schwedens. Die Vogelwarte von Falsterbo veröffentlicht täglich Zugvogel-Infos. *Auskunft: Falsterbo Vogelwarte | Tel. 040 47 06 88 | falsterbofagelstation.se*

HELSINGBORG (132 B4) (*ω B17*)

Die Geschichte der alten Hafen- und Handelsstadt Helsingborg (122 000 Ew.) geht bis ins 11. Jh. zurück. Auf einer Anhöhe nahe dem Hafen und dem zentralen Platz Stortorget sind noch Reste der alten Festung *Kärnan* erhalten. ☀ Vom Turm bietet sich eine schöne Aussicht über Stadt und Sund. Die älteren Stadtteile mit vielen alten Fachwerkhäusern finden sich nördlich des Stortorget.

Helsingborg liegt an der engsten Stelle des Öresunds. An schönen Tagen empfiehlt sich eine kurze Schiffstour über den Sund mit einem Abstecher in die dänische Nachbarstadt Helsingør *(bis zu 70 Mal tgl. | Tour 34 SEK | www.hhferries.se).* *65 km nördlich*

Ein Hingucker im mittelalterlichen Dom zu Lund ist die prächtige astronomische Uhr

LUND (132 B4–5) (⊓ B18)

Gemütliche Studentenstadt mit prächtigen Universitäts- und Kirchenbauten. Um 1000 n. Chr. gegründet, ist Lund (102 000 Ew.) eine der ältesten Städte Schwedens. Sie wurde bereits 1100 Sitz des Erzbischofs und in der Folge einer der kirchlichen und kulturellen Mittelpunkte Nordeuropas. Im Stadtbild ist das bis heute zu erkennen. Die Universität wurde im Jahr 1666 gegründet. Am imposantesten ist die dreischiffige, im romanischen Stil erbaute *Domkirche* (12. Jh.). Der Mitte des 18. Jhs. von Carl Hårleman angelegte Park *Lundagård* vor der Kirche ist ein echtes Prachtstück schwedischer Gartenbaukunst. Nobel wohnt es sich im *Grand Hotel (83 Zi. | Bantorget 1 | Tel. 046 2 80 61 00 | www.grandilund.se | €€€)*, preiswerter in einem renovierten Stadthaus aus dem 19. Jh. namens *Lilla Hotellet (26 Zi. | Bankgatan 7 | Tel. 046 32 88 88 | www.lillahotelletilund.se | €€)*. *Auskunft: Turistbyrå | Botulfsgatan 1a | Tel. 046 35 50 40 | www.lund.se. 20 km nordöstlich*

YSTAD (132 C5) (⊓ C18)

In den bunten Gassen von Ystad (27 000 Ew.) verfolgt Schwedens wohl berühmtester Kommissar, Kurt Wallander aus den Krimis von Henning Mankell, seine Täter. Die mittelalterliche Kleinstadt ist ein verschlafenes Nest. Doch gerade in dieser Ruhe besteht ihr Reiz. Die zahlreichen Fachwerkhäuser, die gut erhaltene Klosteranlage, die Gassen mit Kopfsteinpflaster und die Bewohner, die alle Zeit der Welt zu haben scheinen, versprechen einen entspannten Aufenthalt.

Wer von Ystad aus 16 km die Küste entlangfährt, wird das „Stonehenge Schwedens" entdecken: Die 59 Steine von *Ales Stenar* sind in Form eines Schiffes angeordnet und wunderschön gelegen auf einer Anhöhe über dem Dorf *Kåseberga*. Die Formation gibt der Wissenschaft bis heute Rätsel auf: Wann wurde sie errichtet? Was war ihr Zweck? Man vermutet, sie diente als Sonnenkalender. *Auskunft: Turistbyrå | Sankt Knuts Torg | Tel. 0411 57 76 81 | www.ystad.se. 60 km südöstlich*

DIE WESTKÜSTE

Keine andere schwedische Region bietet so abwechslungsreiche Küstenabschnitte wie die Westküste: feine Sandstrände mit bewachsenen Dünen in Halland und das felsige Ufer mit Schären in Bohuslän. Zu Recht nennen die Schweden den Abschnitt zwischen der norwegischen Grenze im Norden und Halmstad im Süden auch *Bästkusten* – beste Küste.

In der Hochsaison flanieren Einheimische und Touristen die Promenaden entlang und genießen nach einem erfrischenden Bad direkt am Meer frisch geräucherten Fisch. Kulturhistorischer Höhepunkt sind die Felszeichnungen von Tanum, die zum Unesco-Welterbe gehören. Während der Bronzezeit ritzten die Menschen hier Jagdszenen in Felsbrocken.

GÖTEBORG

(132 A2) (*B15*) **Obwohl die Stadt mit ihren 484 000 Ew. nur etwa halb so groß ist wie Stockholm, ist Göteborg mindestens genauso lebendig.**

Die Göteborger lieben es, draußen zu sitzen, sobald die Temperaturen es zulassen. In der zweitgrößten Stadt des Landes trifft man sich in den vielen Restaurants mit Terrasse. Prachtstraßen wie die Kungssportsavenyn oder Östra Hamngatan versprühen im Sommer beinahe mediterranes Flair. Göteborg ist eine alte Handels- und Industriestadt, in der mittlerweile mehr und mehr das Dienstleistungsgewerbe eingezogen ist. Pompöse Bauten wie in Stockholm gibt es nur wenige.

Bild: Insel Hallö bei Smögen in Bohuslän

Sandstrände und Schären: Strandurlaub vom Feinsten an Schwedens kontrastreicher Westküste, der „Bästkusten"

CITY **WOHIN ZUERST?**

Bei einer Fahrt mit dem **Wasserbus Älvsnabben** (Startpunkt: neben der **Oper**) erhalten Sie einen guten ersten Eindruck. Legen Sie bei gutem Wetter in Lindholmen einen Halt ein und bewundern vom stillgelegten Werftkran die Stadt aus der Vogelsperspektive. Den Wagen parken Sie am besten im Nordstan-Parkhaus im Zentrum.

SEHENSWERTES

FESKEKÖRKA ⭐

Weil die Spitzbögen der 1874 erbauten Halle an ein Gotteshaus erinnern, tauften die Göteborger ihre Fischhalle kurzerhand *Feskekörka* (Fischkirche). Genauso sehenswert wie die Architektur sind die fangfrischen Meerestiere, die auch im zugehörigen Restaurant (€€) angeboten werden. *Di–Fr 10–18, Sa 10–15 Uhr | Rosenlundsgatan | www. feskekörka.se*

GÖTAPLATSEN

Der am südlichen Ende der Kungssportsavenyn gelegene Platz wurde 1923 anlässlich des 300-jährigen Stadtjubiläums angelegt. Rund um den Poseidonbrunnen des schwedischen Künstlers Carl Milles sind Kunstmuseum, Stadttheater, Konzerthaus und Bibliothek angesiedelt.

Zu Fuß oder per Boot ein lohnendes Ausflugsziel: Göteborgs Hafen

GÖTEBORGER HAFENGEBIET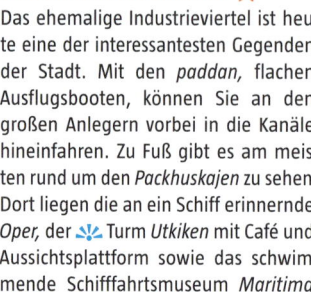

Das ehemalige Industrieviertel ist heute eine der interessantesten Gegenden der Stadt. Mit den *paddan,* flachen Ausflugsbooten, können Sie an den großen Anlegern vorbei in die Kanäle hineinfahren. Zu Fuß gibt es am meisten rund um den *Packhuskajen* zu sehen. Dort liegen die an ein Schiff erinnernde *Oper,* der Turm *Utkiken* mit Café und Aussichtsplattform sowie das schwimmende Schifffahrtsmuseum *Maritima Centrum.*

GULDHEDENS VATTENTORN

Nicht weit vom Botanischen Garten entfernt, liegt der Wasserturm von Guldheden etwas versteckt auf einem Berg. Im Obergeschoss haben Sie INSIDER TIPP vom Café aus eine perfekte Aussicht über Stadt und Umgebung. Im Inneren versprüht das Café eine Atmosphäre zwischen Jugendherberge und Omas guter Stube. *Mo–Sa 11–18, So 11–20 Uhr | Dr. Sven Johanssons Backe 1 | www.guldhedstornet.se*

KONSTMUSEUM

Schwerpunkt der Sammlung bildet nordische Kunst, gezeigt werden Werke vom 15. Jh. bis heute. Die Fürstenberger Galerie im Obergeschoss präsentiert Bilder der nordischen Maler Ernst Josephson, Carl Larsson und Anders Zorn. *Di/ Do 11–18, Mi 11–21, Fr–So 11–17 Uhr | Eintritt 40 SEK | Götaplatsen/Avenyn | www. konstmuseum.goteborg.se*

KUNGSSPORTSAVENYN

Viele Geschäfte, Restaurants und Bars säumen den Göteborger Prachtboulevard. Bereits im Frühjahr pulsiert auf den vielen Terrassen das Nachtleben. Die Kungssportsavenyn und ihre Verlängerung *Östra Hamngatan* führen vom Hafen zum Götaplatsen.

LISEBERG

Nordeuropas größter Vergnügungspark. Außer Riesenrad und Achterbahn gibt es auch ein Kino, Shows sowie Restaurants und Bars. Die **INSIDER TIPP** Balder-Bahn gilt als schönste Holzachterbahn der Welt. *Ende April bis Mitte Okt., Öffnungszeiten am besten telefonisch erfragen | 80 SEK, Mitte Juni–Aug. 90 SEK, plus Eintritt für Attraktionen | Tel. 031 40 01 00 | www. liseberg.se*

MARITIMA CENTRUM

Am Packhuskajen vor der Oper sind im Maritimen Zentrum alte Segler, Kriegs- und Feuerschiffe sowie ein U-Boot vor Anker gegangen. *April Fr–So 11–16, Mai bis Sept. tgl. 11–18, Okt. Fr–So 11–16 Uhr | Eintritt 90 SEK | Packhusplatsen 12 | www. maritiman.se*

RÖDA STEN

Alternatives Kulturzentrum auf einem alten Fabrikgelände, das einen erweiterten Kunstbegriff pflegt und ausgefallenen und innovativen Künstlern einen Raum schafft. Das ganze Gelände dient jugendlichen Graffitikünstlern und solchen, die es gern werden wollen, als Experimentierfeld. Die Kunstförderung setzt hier früh an: Schon für Kinder ab dem vierten Lebensjahr werden Veranstaltungen angeboten. Wechselndes Programm mit Kunst, Musik und Tanz. *Mi 12–19, Di, Do bis So 12–17 Uhr | Eintritt 40 SEK | Röda Sten 1 | www.rodasten.com*

SÜDLICHE SCHÄREN

Die südlichen Schären der Stadt Göteborg lassen sich einfach per Straßenbahn (Endstation Saltholmen) und Fährschiff erreichen. Bis zur Jahrtausendwende waren sie aus militärischen Gründen für Ausländer gesperrt. Heute bestehen jedoch keine solchen Restriktionen mehr und dem Besucher offenbart sich ein autofreies Idyll mit fast 5000 Einwohnern, die über ein Dutzend Inseln verteilt leben. Hier gibt es kleine Pensionen, Cafés, Restaurants und Lebensmittelgeschäfte, vor allem aber viel Ruhe und frische Meeresluft zu genießen. Hütten können

---

★ **Feskekörka**
In der Göteborger Fischkirche gibt es keinen Pfarrer und keine Kanzel. Hier werden Meerestiere bestaunt, gekauft und selbstverständlich auch gegessen → S. 57

★ **Göteborger Hafengebiet**
Im ehemaligen Industrieviertel gibt es einiges zu entdecken: etwa das schwimmende Schifffahrtsmuseum → S. 58

★ **Kungssportsavenyn**
Sehen und gesehen werden – so lautet das Motto auf Göteborgs Prachtstraße → S. 58

★ **Haga**
Perfekt für eine ausgiebige Shoppingtour: Göteborgs altes Arbeiterviertel → S. 60

★ **Tanums Hällristningar**
Die jahrtausendealten Felszeichnungen sind bestens erhalten – und Unesco-Welterbe → S. 63

★ **Festung von Varberg**
Uneinnehmbar thront die Festung am Meer → S. 65

★ **Kallbadhus**
Ein Stückchen Orient im schwedischen Westen → S. 66

MARCO POLO HIGHLIGHTS

gemietet werden *(www.stugformedlin gen.se)*.

VÄRLDSKULTURMUSEET

Das Völkerkundemuseum zeigt Objekte verschiedener Kulturen aus Mode, Kunst und Musik. *Di/Do/Fr 12–17, Mi 12–20, Sa/ So 11–17 Uhr | Eintritt 40 SEK | Södra vägen 54 | www.varldskulturmuseet.se*

ESSEN & TRINKEN

CAFÉ BROGYLLEN

Sahnetortenfans werden diese Konditorei lieben. Von der kleinen ☼ Terrasse schöner Blick über den Großen Kanal. *Tgl. | Västra Hamngatan 2 | www. brogyllen.se | €*

HEAVEN 23 ☼

Der Himmel ist ganz nah in der 23. Etage der Gothia Towers. In Göteborg gibt es kein höheres Gebäude und vermutlich kein Restaurant mit einem besseren Blick. *Tgl. | Tel. 031 7 50 88 05 | €€€*

SJÖMAGASINET

Elchfleisch mit Preiselbeeren, gebeizter Lachs oder eingelegter Hering gefällig? Am feinsten genießen Sie diese Köstlichkeiten im Gourmetlokal Sjömagasinet im Süden der Stadt. Auch die Königsfamilie verkehrt hier: unbedingt reservieren! *So geschl. | Adolf Edelsvärdsgata 5 | Tel. 031 7 75 59 20 | www.sjomagasinet.se | €€€*

EINKAUFEN & FREIZEIT

⭐ *Haga,* das ehemalige Arbeiterquartier, hat sich zum beliebten Wohnort und zur Flaniermeile der Göteborger entwickelt. Mit Modegeschäften, Buchläden, Secondhandshops, Antiquitätenhandlungen und Cafés. *www.hagashopping.se*

Für viel Entspannung nach anstrengenden Einkaufstouren sorgt ein Besuch im ● INSIDER TIPP ▶ *Hagabadet (Södra Allégatan 3 | Tel. 031 60 06 00 | www.hagabadet. se)* einer Wohlfühloase in historischem Gebäude mit Massagen, Römischer Therme und preisgekröntem Restaurant.

AM ABEND

Die *Kungssportsavenyn* ist auch am Abend erste Wahl. Neben Restaurants und Cafés gibt es dort jede Menge Bars und Clubs. Mit gleich mehreren Bars wartet das *Nivå (Kungssportsavenyn 9)* auf. Das junge Publikum trifft sich in der *Lounge (Kungssportsavenyn 5)*. Etwas trendiger sind die Lokale an der *Vasaga-*

Göteborg hat sich ein sehr ansehnliches modernes Opernhaus geleistet

tan und der *Magasingatan*, z. B. das *Bliss Resto (Magasingatan 3 | mit Restaurant).* Für Ballett-, Musical- und Opernfreunde lohnt sich immer ein Besuch der *Oper (Christina Nilssons Gata | Tel. 031 13 13 00 | www.opera.se)* am Hafen. Oder Sie besuchen eine der Abendveranstaltungen im Vergnügungspark *Liseberg (Tel. 031 40 02 00).*

ÜBERNACHTEN

ELITE PLAZA

Erste Adresse der Stadt. In dem im Jahr 2000 eröffneten, zentral gelegenen eleganten Designhotel, das in einem palastartigen Gebäude aus dem 19. Jh untergebracht ist, steigen auch Stars wie Bruce Springsteen und Justin Bieber ab. Die Zimmer sind klassisch eingerichtet, Service wird großgeschrieben. *130 Zi. | Västra Hamngatan 3 | Tel. 031 7 20 40 00 | www.elite.se/hotell/gote borg/plaza | €€–€€€*

NOVOTEL

Das Haus liegt direkt beim Anleger der Boote, die zwischen Göteborg und Kiel verkehren. Einige Zimmer bieten Blick aufs Wasser. Im Sommer und am Wochenende wohnen zwei Kinder gratis im Zimmer ihrer Eltern, **INSIDER TIPP** bei zwei Übernachtungen ist der Eintritt für zwei Personen in den Vergnügungspark Liseberg inbegriffen. *151 Zi. | Klippan 1 | Tel. 031 7 20 22 00 | www.novotel.se | €€*

SPAR HOTEL

Der Name ist Programm. Die Übernachtungen in den beiden zentral gelegenen Spar-Hotels sind sehr preiswert. Schlichte Zimmer, aber alle mit TV und Schreibtisch. Für längere Aufenthalte können Sie Räume mit Miniküche buchen. *Spar Hotel Gårda | 170 Zi. | Norra Kustbanegatan 15–17 | Gårda; Spar Hotel Majorna | 150 Zi. | Karl Johansgatan 66–70 | Majorna | Tel. 031 7 52 03 00 (beide Häuser) | www. sparhotel.se | €*

AUSKUNFT

TURISTBYRÅ
Kungssportsplatsen 2 | Tel. 031 3 68 42 00 | www.goteborg.com

ZIELE IN DER UMGEBUNG

KUNGÄLV (132 A1) (*⟪ B15*)
Im Hochmittelalter war Kungälv eine der größten Städte Norwegens, seit 1658 ist die heutige Kleinstadt (8000 Ew.) schwedisch. Aus der norwegischen Zeit (14. Jh.) existiert noch die mächtige *Festung Bohus*

LYSEKIL (132 A1) (*⟪ A15*)
Der historische Fischer- und Badeort (14 000 Ew.) erlebte seine Blütezeit im 18. Jh. durch die lukrative Heringsfischerei. Einige Häuser aus dieser Zeit sind heute noch erhalten. Im **INSIDER TIPP** *Museum Havets Hus (Feb.–Juni tgl. 10 bis 16, Juli–Aug. tgl. 10–18, Sept.–Okt. tgl. 10–16, Nov./Dez. Sa/So u. Weihnachten 10–16 Uhr | Eintritt 110 SEK | Strandvägen 9 | www.havetshus.lysekil. se)* sind mehr als 100 verschiedene Arten von Meeresbewohnern der Region zu sehen. *50 km nordwestlich*

Felsbilder von Tanum, vor mehr als 2500 Jahren in Stein geritzt

(April Sa/So 11–17, Mai–Aug. tgl. 10–19, Sept. tgl. 11–15, Okt. Sa/So 11–15 Uhr | www.bohusfastning.com) direkt vor der Stadt. Sehenswert sind auch die Häuser aus dem 18. und 19. Jh. in der *Västragatan* sowie die fürs protestantische Schweden ungewöhnlich farbenfroh ausgeschmückte Kirche mit Barockelementen. *www. vastsverige.com/kungalv. 20 km nördlich*

MARSTRAND (132 A1) (*⟪ A15*)
Auf einer Felseninsel in den Schären liegt dieses schmucke, im 13. Jh. gegründete Städtchen (1500 Ew). Sie erreichen Marstrand von Göteborg aus über die Brücke mit dem Auto oder in einer schönen Bootstour. Im 17. Jh. entstand die *Carlstens-Festung (Juni/Aug. tgl. 11–16, Juli tgl. 11–18 Uhr | Eintritt 75 SEK | www.*

carlsten.se). Im Sommer wird Marstrand (www.marstrand.org) zu einem der Zentren des Segelsports an der Westküste. *20 km nordwestlich*

SMÖGEN (132 A1) (*A14*)

Ursprünglich ein Fischerort, hat sich Smögen längst zum attraktiven Badeort herausgeputzt. Im Sommer bringt ein Boot Besucher auf die winzige Schäreninsel Hallö. In dem Naturreservat sind viele Vogelarten und 130 verschiedene Gewächse beheimatet. *60 km nordwestlich*

TANUMS HÄLLRISTNINGAR ★
(134 A5) (*A14*)

Die Gemeinde Tanum ist berühmt für die vielen Zeichnungen, die vor über 2500 Jahren in Granitfelsen geritzt wurden. An mehr als 250 Stellen sind Felsbilder zu finden, die oftmals Jagdszenen darstellen. Sie wurden 1994 in die Welterbeliste der Unesco aufgenommen. Die größten Abbildungen gibt es in Vitlycke, etwas südlich von Tanum. Dort können Sie sich in einem Museum *(Mai–Aug. tgl. 10–18, Sept. tgl. 10–16, Okt. Di–So 11–16 Uhr | Eintritt frei | Vitlycke 2 | www. vitlyckemuseet.se)* auch über die Entstehung der Zeichnungen und die Lebensbedingungen während der Bronzezeit informieren. *130 km nördlich*

TJÖRN (132 A1) (*A15*)

Gut mit dem Auto erreichbare Schäreninsel (15 000 Ew.) mit der einzigartigen rauen Natur der Westküste. Umfangreiche Freizeitangebote wie Schwimmen, Reiten und Wandern. Das neue nordische *Aquarellmuseum (Di–So 12–17 Uhr | Eintritt 45 SEK | Södra Hamnen 6 | Tel. 0304 60 00 80 | www.akvarellmuseet.org)* am Strand von Skärhamn stellt mitten in der Provinz renommierte Maler aus. Das  Museumsrestaurant bietet schöne Ausblicke auf die unzerstörte Natur der

Schären. **INSIDER TIPP** **Einige der Gästeateliers können Sie als Unterkunft mieten**. *70 km nordwestlich*

TROLLHÄTTAN (134 A6) (*B15*)

Entlang den „Zauberfällen" des Flusses Göta entstand vor 100 Jahren eine Industriestadt (50 000 Ew.), die als Wiege der schwedischen Traditionsmarken Volvo und Saab gilt. Große Teile der alten Autofabriken sind heute anderen Zwecken zugeführt worden: Mit EU-Geldern ist hier in den letzten Jahren ein bedeutendes Filmproduktionszentrum entstanden. 250 Spielfilme (u.a. „Dogville", „Dancer in the dark") wurden in den Studios gedreht – was der Stadt den Beinamen „Trollywood" einbrachte *(www.filmivast.se)*. *80 km nördlich*

HALMSTAD

(132 B3) (*B17*)   Die   Hafenstadt **(88 000 Ew.) ist das Zentrum der Region Halland. Sie erstreckt sich über weite Teile der nördlichen Laholmbucht.**
Im Stadtgebiet gibt es jede Menge Strände und schöne Uferpromenaden, die im Sommer gut besucht sind. Von den 1920er- bis in die 1970er-Jahre hinein arbeitete in der Stadt die *Halmstadgruppe,* ein Zusammenschluss surrealistischer Künstler. Deren Werke schmücken Rathaus und Stadtbibliothek. In einem Park am Ufer des Nissan stehen Skulpturen von Pablo Picasso sowie des schwedischen Bildhauers Walter Bengtsson.

SEHENSWERTES

GALGBERGET
Der bewaldete Hügel ist ein beliebtes Ausflugsziel. Vom Aussichtsturm des *Freilichtmuseums (11. Juni–14. Aug. tgl. 12–18 Uhr | von außen können die Gebäu-*

de stets besichtigt werden) bietet sich ein guter Blick über die Stadt.

LÄNSMUSEET HALMSTAD

Stadt- und Kunstmuseum in einem. In der Kunstgalerie werden Werke schwedischer Künstler des 20. Jhs., darunter auch der Halmstadgruppe, gezeigt. *Juli/Aug. Di–So 11–17, Sept.–Juni Di–So 12–17 Uhr | Eintritt frei | Tollsgatan | www. hallmus.se*

MJELLBY KUNSTMUSEUM

Das Museum zeigt Werke der legendären surrealistischen Künstlervereinigung *Halmstadgruppen* sowie wechselnde Ausstellungen anderer Künstler. *Juni Di–So 12–17, Juli/Aug. Di–So 11–17 Uhr | Eintritt frei | Mjellby Konstpark | www. mjellbykonstmuseum.se*

NORRE PORT

Das nördliche Stadttor wurde zu Beginn des 17. Jhs. als Teil der Stadtbefestigung des neuen Halmstad errichtet. Von dort aus führt die *Storgatan* mit ihren prächtigen alten Häusern zum *Stora Torget.* Auf der anderen Seite des Stadttores befindet sich der *Norre Katts Park,* ein kleines Naherholungsgebiet direkt am Fluss Nissan.

ÖVRABY KYRKORUIN

Die Kirchenruine ist das einzige Überbleibsel aus der Zeit Anfang des 13. Jhs., als die Hafenstadt entstanden ist.

SCHLOSS ●

Das Anfang des 17. Jhs. vom dänischen König erbaute Schloss ist heute die Residenz des *landshövding* (Landeshauptmann) von Halland. An einigen Tagen im Sommer kann es nach Voranmeldung besichtigt werden *(Tel. 035 13 20 31 | Eintritt frei).* Am Ufer des Nissan hat das ehemalige Segelschulschiff

Najaden festgemacht *(im Sommer Besichtigungen möglich, Anfragen im Turistbyrå).*

ESSEN & TRINKEN

LILLA HELFWETET

Direkt am Fluss Nissan gelegenes Restaurant mit guter Küche und umfangreicher Weinkarte. Abends mit Unterhaltungsprogramm. *So geschl. | Hamngatan/ Bastionsgatan | Tel. 035 21 04 20 | www. lillahelfwetet.se | €€*

STRAND

TYLÖSAND

Bekanntester Badestrand der Region mit langem Sand- und Klippenstrand. Auf dem Weg nach Tylösand liegt das *Miniland (Halmstad Äventyrsland | Juni–Aug. tgl. 10–19 Uhr | Eintritt 190 SEK | Gamla Tylösandsvägen 1 | Tel. 035 10 84 60 | www.aventyrslandet.se),* in dem schwedische Sehenswürdigkeiten in Miniatur nachgebaut sind. Im großzügigen Ambiente des ● *Tylösand Spa-Hotels (230 Zi. | Tylohusvägen | Tel. 035 3 05 00 | www. tylosand.se | €€–€€€)* lässt es sich gut entspannen und im INSIDER TIPP Restaurant *Akvarell* die Kreationen des Meisterkochs Torsten Körling genießen.

ÜBERNACHTEN

TYLEBÄCK

Dieses ehemalige Ausbildungszentrum der schwedischen Armee ist in ein architektonisch sehr interessantes Hotel umgewandelt worden. Die Anlage in naturschöner Umgebung und unmittelbarer Strandnähe bietet nebst Zimmern der gehobenen Klasse auch günstige Unterkunftsmöglichkeiten für Familien und Gruppen. *48 Zi. | Kungsvägen 1 | Tel. 035 19 18 00 | www.tyleback.se | €–€€*

Relikt aus weniger friedlichen Zeiten: Festung von Varberg

VARBERG

AUSKUNFT

TURISTBYRÅ
Lilla Torg | Tel. 035 12 02 00 | www. destinationhalmstad.se

ZIELE IN DER UMGEBUNG

SIMLÅNGSDALEN (132 B3) (⌖ B17)
Dieses kleine Tal ist eine grüne Oase. Besonders im Hochsommer eignet es sich hervorragend für Spaziergänge, da die vielen Bäume Schatten spenden. Sehenswert auch der Wasserfall *Danska fall*. *20 km östlich*

TÖNNERSA FLYGSANDSFÄLT
(132 B3) (⌖ B17)
Ein Stück Sahara an Schwedens Westküste: eine riesige Sandfläche mit Dünen und windzerzausten Bäumen zwischen Landstraße, Meer und dem Fluss Lagan (ein guter Ort zum Fischen!). *15 km südöstlich*

(132 B2–3) (⌖ B16) **Der traditionsreiche Kurort (55 000 Ew.) liegt direkt an der Nordsee. Dort, wo der Abstand zum dänischen Festland besonders gering ist, war Varberg lange bevorzugtes Angriffsziel der Nachbarn.**

Geblieben ist die beeindruckende Festung direkt am Meer. Varberg selbst entwickelte sich vom Kriegsschauplatz zum friedlichen Urlaubsort. Wo einst gegen die Dänen gekämpft wurde, gehen heute Besucher am Strand spazieren.

SEHENSWERTES

FESTUNG VON VARBERG ★
Schweden und Dänen kämpften lange Zeit um den Südwesten des heutigen Schwedens. Die auf einem Felsen gelegene massive Festung aus dem 13. Jh. sollte Eindringlinge, die vom Meer ka-

men, abhalten. Heute sind dort eine Ju-
gendherberge (39 Zi. | Varberg Fästning |
Tel. 0340 8 28 30 | www.fastningensvan
drarhem.se | €), ein Restaurant sowie
das regionale Museum (Sept.–Mai Mo
bis Fr 10–16, Sa/So 12–16, Juni–Aug. tgl.
10–18 Uhr | Eintritt 70 SEK) untergebracht.

GETTERÖN
Hunderte Vogelarten können Sie auf
dieser der Stadt vorgelagerten Insel be-
obachten. Im Herbst legen dort Zugvögel
einen Zwischenstopp ein.

KALLBADHUS ⭐
Nur über eine hölzerne Brücke ist das auf
Stelzen im Wasser stehende Badehaus zu
erreichen. Mit den verspielten Ornamen-
ten erinnert das 1820 errichtete Gebäude
an orientalische Architektur. Mit zwei öffentlichen Saunen. www.kallbadhuset.se

TORGET
Der Marktplatz bildet das Zentrum von
Varberg. Im Gegensatz zu vielen anderen
schwedischen Orten hat er hier seinen
ursprünglichen Charakter bewahrt. Statt
Parkhaus, Supermarkt und Einkaufszen-
trum sind am Torget wie einst noch Rathaus, Kirche und Hotel versammelt.

ESSEN & TRINKEN

VIN&SKAFFERI HUS NR. 13
Am Rand der mittelalterlichen Festung
von Varberg gelegen, bietet dieses Restaurant feine Speisen mit lokalen Zutaten an. Im Winterhalbjahr steht das
Haus Nummer 13 nur Gruppen nach
Vorbestellung offen. Mai–Sep. Mi–Do
abends, Sa/So auch tagsüber geöffnet |
Varbergs Fästning | Tel. 0340 8 35 94 |
hus13.se | €€€

ÜBERNACHTEN

VARBERG KURORT & SPA
Das imposante Spa-Hotel bietet seinen Gästen alle nur erdenklichen An-
nehmlichkeiten: Massageabteilung,
Schwimmbad, umfangreiches Kursan-
gebot (z. B. Yoga und Gymnastik) und
und und. 125 Zi. | Nils Kreugers väg 5 | Tel.
0340 62 98 00 | www.varbergskurort.se |
€€–€€€

AUSKUNFT

TURISTBYRÅ
Västra Vallgatan 39 | Tel. 0340 8 68 00 |
www.turist.varberg.se

SNUSEN ERLAUBT

Glimmstengel sind in Schweden selten
zu sehen – nur rund jeder Sechste
raucht. Nirgendwo sonst in Europa
rauchen so wenig Menschen wie in
Schweden. Dafür ist snusen weit verbreitet. Snus ist ein Tabak, der zwischen
Lippe und Zahnfleisch geklemmt wird
und dort Geschmack und Wirkung verbreitet. Obwohl die Meinungen darüber
auseinander gehen, ob Snus genauso
Krebs erregend ist wie Rauchtabak,
ist Snus in keinem anderen Land der
EU erlaubt. Schweden bekam wegen
der langen Tradition des snusens eine
Ausnahmegenehmigung. Das Rauchen
in Gaststätten und Diskotheken ist seit
dem Sommer 2005 verboten – für viele
Schweden ein Grund mehr, zum Snus zu
greifen. Eine der bekanntesten Sorten:
der Göteborgs Snus.

„Etikettenschwindel": Das reich verzierte Kallbadhus in Varberg birgt zwei Saunen

ZIELE IN DER UMGEBUNG

FALKENBERG (132 B3) (⊞ B16)

Mit den stillen Gassen und dem Fluss, der mitten durch den Ort fließt, ist Falkenberg (40 000 Ew.) der richtige Ort zum Schlendern. Namen und Wappentier hat die Hafenstadt am Meer wegen der früher dort stark verbreiteten Falkenjagd bekommen. Falkenberg ist ein Paradies für Angler: Der Fluss Ätran ist eines der lachsreichsten Gewässer der Gegend. *30 km südlich*

GALTABÄCK (132 B3) (⊞ B16)

Ein Fischerort, der seine Blütezeit Anfang des 20. Jhs. erlebt hat. Das *Schiffsmuseum (Båtmuseet | Juni bis Aug. Sa und So 13–16 Uhr | Eintritt 20 SEK)* in der ehemaligen Lebensrettungsstation präsentiert historische Boote. *10 km südöstlich*

NIDINGEN (132 A2) (⊞ B16)

Auf der 300 000 m² großen Insel wurde 1645 Schwedens erster Leuchtturm errichtet. Seit Anfang des 19. Jhs. stehen dort zwei steinerne Doppelleuchttürme. Die Vegetation ist spärlich, das Vogelleben vielfältig: Die Insel beherbergt u. a. die seltenen dreizehigen Möven. Im Sommer ist Nidingen per Boot von Skallahamn und Gottskär erreichbar. *30 km nordwestlich*

UGGLARP (132 B3) (⊞ B16)

Strand und Naturreservat mit altem Eichenbestand, Campingplatz und Ferienhäusern *(www.ugglarp.nu)*. In *Svedinos Biloch Flygmuseum (Juni tgl. 11–16, Juli bis Aug. tgl. 10–18, April/Mai/Sept./Okt. Sa/So 11–16 Uhr | Eintritt 70 SEK | www.svedinos.se)* sind 140 historische Autos und 30 Flugzeuge ausgestellt. *40 km südlich*

MITTELSCHWEDEN

Vänern, Vättern und Hjälmaren – drei der vier größten Seen des Landes liegen in Mittelschweden; dazu zahllose kleinere Seen und Flüsse. Kanufahrer und Angler kommen auf und an Mittelschwedens Gewässern voll auf ihre Kosten.

Reiter und Wanderer dagegen erfreuen sich an den tiefen Wäldern, die große Teile Mittelschwedens bedecken. Stadtfreunden sei ein Abstecher nach Karlstad, Örebro und Uppsala empfohlen, die mit guten Straßen und Bahnverbindungen schnell erreichbar sind.

KARLSTAD

(134 B4) (ЛП C13) Genau dort, wo der Klarälv, der längste Fluss Schwedens, in den Vänern, den größten See des Landes, mündet, liegt Karlstad (82 000 Ew.).

Dem Stadtbild ist die über 400 Jahre alte Geschichte des Orts nicht anzumerken. Weil 1865 ein Brand große Stadtteile zerstörte, stammen die meisten Häuser aus dem 19. Jh. und der Zeit danach. Ein Besuch lohnt vor allem wegen der reizvollen Umgebung mit Strand und Wald.

SEHENSWERTES

ALMEN

Die alten Gebäude dieses Stadtviertels gehören zu den wenigen, die vom Brand im Jahr 1865 verschont geblieben sind. Dazu zählen die Residenz des Bischofs (biskopsgården) und die Domkirche, beide stammen aus dem 18. Jh.

Bild: Kanutour auf dem Värmlandsee

Land der Seen und der Wälder:
Mittelschweden ist ein Paradies für Paddler
und Angler, für Wanderer und Reiter

MARIEBERGSSKOGEN

Der Stadtpark ist nicht nur herrlich für
Spaziergänge, es gibt auch einen Zoo
mit heimischen Tieren, ein Freilicht-
museum und ein Strandbad. Anfang
Juli verwandelt sich beim Musikfestival
Putte i Parken der Park in ein riesiges
Festgelände. *www.mariebergsskogen.se*

SPRÄNGTEKNISKA MUSEET

Im Museum für Sprengtechnik wird die
Entwicklung der Verteidigungsbranche
anhand des Unternehmens Zakrisdal

erläutert. *Tgl. nach Voranmeldung unter
Tel. 054 56 70 00 | Eintritt frei | Zakrisdals-
slingan 5*

ESSEN & TRINKEN

VALFRIDS KROG

In diesem Lokal wird internationale Kü-
che mit schwedischem Touch serviert. Der
Speisesaal ist mit typisch schwedischen
Möbeln aus unterschiedlichen Epochen
eingerichtet. *Tgl. | Östra Torggatan 8 | Tel.
054 18 30 40 | www.valfrids.se | €€*

FREIZEIT & SPORT

STRÄNDE

Im Stadtgebiet gibt es mehrere Bademöglichkeiten, sogar direkt vorm Theater kann man ins Wasser springen. Etwas westlich außerhalb der Stadt liegen der

Paradies für Paddler:
Dalslandkanal in Håverud

große Sandstrand *Bomstad-Baden* mit Campinganlage und das Waldbad *Skutberget.*

WANDERN

Der 12 km lange Wanderweg *Frödingleden* führt von Karlstad ins südliche Alstertal. Es geht über Wald und Wiesen und vorbei an Badeseen.

AM ABEND

Im Opernhaus werden auch Musicals aufgeführt *(Älvgatan 49 | Tel. 054 210390 | www.varmlandsoperan.se)*. In der *nöjesfabriken (Karlagatan 42 | Tel. 054 222200 | www.nojesfabriken.se),* einer alten Fabrikhalle, können Sie verschiedene Bars besuchen und Livekonzerte hören.

ÜBERNACHTEN

ELITE STADSHOTELLET

Traditionsreiches, 1870 eröffnetes Nobelhotel in zentraler Lage direkt am Fluss. *138 Zi. | Kungsgatan 22 | Tel. 054 293000 | www.karlstad.elite.se | €€€*

FREDEN

Zentral gelegenes Familienhotel mit Jugendherberge. *24 Zi. | Fredsgatan 1a | Tel. 054 216582 | www.fredenhotel.com | €*

AUSKUNFT

TURISTBYRÅ

Västra Torggatan 26 | Tel. 054 5402470 | www.karlstad.se/turistinfo

ZIELE IN DER UMGEBUNG

ALSTERS HERRGÅRD (134 B4) (*m* C13)

Der Gutshof von 1772, auf dem der Värmländer Dichter Gustav Fröding 1860 geboren wurde, ist heute ein Museum mit Café. Eine Ausstellung widmet sich auch anderen Dichtern der Region. Im Sommer zudem Veranstaltungen wie Konzerte. *Mai–Aug. tgl. 11–18, Sept. Sa/So 12–16 Uhr | Eintritt 20 SEK | www.karlstad.se/alstersherrgard | 10 km östlich*

ÅMÅL (134 B5) (*B14*)

Kleinstadt (12 700 Ew.) am See Vänern mit schönen Badeplätzen. Hier lebt das Schweden der 1960er-Jahre bis heute fort. Eine ereignislose Ruhe liegt über dem Ort, die manche als meditativ empfinden, andere langweilig nennen würden. Diese spezielle Stimmung eingefangen hat der vielfach preisgekrönte Jugendfilm „Raus aus Åmål", der eine lesbische Teenagerliebe in der schwedischen Provinz schildert. Tatsächlich fanden die Dreharbeiten aber nicht in Åmål, sondern 120 km entfernt in Trollhättan statt.
Örnas Camping (Gamla Örnäsgatan 22 | Tel. 0532 170 97 | www.amal.se) beim Strandbad Örnas bietet kleine Holzhütten direkt am Seeufer. *75 km südwestlich*

DALSLANDKANAL ● (134 B5) (*B14*)

Bevor die Eisenbahn für eine Zeit lang das Maß aller Dinge wurde, setzte man in Schweden bis in die zweite Hälfte des 19. Jhs. ganz auf Wasserstraßen. Ein besonders schöner Kanal verbindet in der kleinen Provinz Dalsland die wichtigsten Seen und schafft damit einen über 250 km langen, mit 31 Schleusen gespickten Wasserweg. Höhepunkt jeder Dalslandkanaltour ist die **INSIDER TIPP** Kanalbrücke bei Håverud, die eine Stromschnelle überwindet und ihrerseits von je einer Bahn- und Straßenbrücke überspannt wird. Die Brücke und das gesamte Kanalsystem wurden zwischen 1864 und 1868 unter der Leitung des bedeutenden Ingenieurs Nils Ericson gebaut, der auch den Bau der wichtigsten schwedischen Bahnstrecken und den Bau des finnischen Saimaka-

nals leitete. Auskünfte über Bootsvermietungen und Unterkünfte: *Dalslands Kanal AB | Nils Ericsons väg 1 | Upperud, Håverud | Tel. 0530 4 47 50 | dalslandskanal.se*

FILIPSTAD (134 C4) (*C13*)

Bergbau und Brot haben den Ort (11 000 Ew.) bekannt gemacht. Die Grubenanlagen sind längst nicht mehr in Betrieb, manche sind zum Museum umgebaut worden, z. B. das *Nordmarksmuseum (Öffnungszeiten bitte tel. erfragen | Eintritt 20 SEK | Tel. 0590 5 04 04 | an der 246 zwischen Filipstad und Hagfors | www.nordmarksmuseum.com)*. In der Nähe der Anlage kann gefischt werden. Das Unternehmen, das das weltberühmte Wasa-Knäckebrot produziert, gehört mittlerweile zur italienischen Nudelfirma Barilla. Gruppen können die Produktionsanlagen nach Voranmeldung beim Turistbyrå besichtigen *(Eintrittspreise variabel | Tel. 0590 6 13 54 | www.filipstad.se. 60 km nordöstlich*

MARCO POLO HIGHLIGHTS

★ **Motala**
Traumhaft liegt die Stadt an den Ufern des Vätternsees und des Götakanals → S. 74

★ **Domkyrka**
Der Dom zu Uppsala ist die größte Kirche Nordeuropas → S. 76

★ **Linnés Hammarby**
Das Blumenparadies des Botanikers Carl von Linné → S. 79

★ **Sigtuna**
Der Ort sieht aus wie ein Freilichtmuseum, so gut sind die alten Häuser erhalten → S. 79

KARLSKOGA (134 C4) (*Û C13*)

Am nördlichen Ufer des Möckelnsees und am Fluss Svartälven gelegen, ist Karlskoga (30 000 Ew.) ein hervorragender Ausgangspunkt für mehrstündige oder -tägige Kanutouren (*z. B. Valåsens Kanotuthyrning | Nedre Älvgårdsvägen | Tel. 0586 72 82 20 | www.valasenkanot.se*). Alfred Nobel verhalf dem Ort zum wirtschaftlichen Aufschwung, als er das Eisenwerk Bofors übernahm. Das Haus samt Labor, in dem der Stifter des Nobelpreises etliche Erfindungen gemacht hat, kann besichtigt werden (*Juni bis Aug. Di–So 11–16 Uhr, Sept.–Mai nur nach Anmeldung | Eintritt 100 SEK | www.nobelmuseetikarlskoga.se*). *www. karlskoga.se*. 65 km östlich

MÅRBACKA (134 B4) (*Û C13*)

Das Zuhause der Schriftstellerin Selma Lagerlöf, Schwedens erster Nobelpreisträgerin und Autorin von „Nils Holgersson", beherbergt einen Gedächtnishof, einen schönen Garten, ein Café und jede Menge Informationen über die weltbekannte Autorin und ihre Werke. *Besichtigung nach Anmeldung: Tel. 0565 3 10 27 | www. marbacka.com. 60 km nordwestlich*

ÖREBRO

(134 C5) (*Û D13*) **Sanft schlängelt sich der Fluss Svartån durch die Stadt (127 000 Ew.), um dann im Osten der Stadt in den See Hjälmaren zu münden.** Früher wurden die Gewässer als Handelsstraße auf dem Weg nach Stockholm genutzt. Auch heute ist die Stadt mit ihrem massiven Schloss und der reizvollen Lage am Fluss eine interessante Station auf dem Weg von der Hauptstadt ins Hinterland. Örebro ist die Geburtsstadt von Daniel Westling, Ehemann der Thronfolgerin Victoria von Schweden.

Eher mächtig als prächtig: Schloss Örebro thront auf einer Flussinsel

SEHENSWERTES

ÖREBRO SLOTT

Das mächtige Schloss thront auf einer kleinen Insel im Fluss Svartån. Vorläufer gab es bereits im 13. Jh., in seiner heutigen Form existiert es seit Ende des 19. Jhs. Eine Führung gibt es auf Anfrage, Buchungen übers Turistbyrå, so z. B. die INSIDER TIPP Geisterwanderung für Kinder. *Mo–Fr 12–18, Sa/So 10–17 Uhr | Eintritt 80 SEK | Info-Tel. 019 21 21 21 | www.orebrotown.com*

SVAMPEN ☼

58 m hoher Wasserturm aus den 1950er-Jahren. Café. *Tgl. 10–18 Uhr | Eintritt 50 SEK | Dalbygatan 4 | www.svampen.nu*

WADKÖPING

Statt sie abzureißen, wurden seit 1965 einige von Örebros ältesten Häusern zu einem Freilichtmuseum mitten in der Stadt umgebaut. Ältestes Gebäude ist die *Kungsstugan*, ein rustikales, rotes Holzhaus aus dem 16. Jh. Im Sommer gibt es hier Konzerte, Puppentheater und einen Mittelaltermarkt. *Tgl. 11–16 Uhr | Eintritt frei | www.orebro.se/wadkoping*

ESSEN & TRINKEN

STRÖMPIS

Europäische Küche zu günstigen Preisen. Abends Nachtclub. *So geschl. | Slottsparken | Tel. 0735 24 86 16 | www.villastrompis.se | €*

FREIZEIT & SPORT

REITEN

Der Reiterhof *Frötuna Gård* bietet Reittouren und mehrtägige Reitlager auf Islandpferden für Erwachsene und Kinder. *Ab 40 Euro für 1,5 Std | Tel. 0581 62 12 11 | www.frotunagard.se. 30 km westlich*

STRÄNDE

In der Umgebung von Örebro gibt es mehrere, meist kleine Strände am See Hjälmaren. Mit dem Bus erreichbar ist der von Wald umgebene Sandstrand *Dimbobaden.*

WANDERN

Der Wanderweg *Bergslagsleden* führt in 17 Etappen, zwischen 10 und 25 km lang, durch Wälder und über Wiesen an Örebro vorbei. Mit Auto oder Bus von Örebro gut erreichbar sind beispielsweise die jeweils 16 km langen Etappen Mogetorp–Blankhult oder Mogetorp–Digerberget.

ÜBERNACHTEN

RADISSON SAS

Erstklassiges Haus mitten im Zentrum. Helle Zimmer in klarem Design. *136 Zi. | Kungsgatan 14 | Tel. 019 6 70 67 00 | www.radissonsas.com | €€€*

AUSKUNFT

TURISTBYRÅ

Olof Palmes torg 3 | Tel. 019 21 21 21 | www.orebrotown.com

ZIELE IN DER UMGEBUNG

ARBOGA (135 D4) (𝄞 D13)

Im 13. Jh. war die Stadt (13 000 Ew.) bedeutender Handelsort und Tagungsplatz für Kirche und Adel. Weite Teile der mittelalterlichen Holzbebauung sind noch erhalten. Ein Gang über die Västerlanggåtan führt dem Besucher eindrucksvoll die alte Pracht vor Augen. Anfang August verwandelt sich die Kleinstadt während der INSIDER TIPP Mittelalterwoche in ein Mekka der Geschichtsfestivalfreunde *(www.arbogamedeltid.se)*. Im *Arboga Museum (Di–Do 13–16, Sa 13–15 Uhr | Eintritt frei | www.arbogamuseum.se)* ist das

Heim des Großhändlers Anders Örström rekonstruiert worden, angeschlossen ein *Brauereimuseum*. Arboga ist auch bekannt für eine der schönsten Autobahnraststätten und hübsche ● Picknickplätze am kleinen See Högsjön südlich der Kreuzung der beiden Europastraßen E18 und E20. *45 km nordöstlich*

GRÄNNA (134 C6) (*ⅉ C15*)

Am östlichen Rand des Vättern-Sees ist Gränna (2500 Einw.) ein sehr beliebter Zwischenstopp auf der Fahrt durch das mittlere Schweden. Hier werden die berühmten rot-weißen Zuckerstangen *(polkagris)* hergestellt, und von hier aus versuchte der Abenteurer Salomon August Andrée, die Welt im Ballon zu entdecken. Ihm ist ein lokales *Museum (tgl. 10–16 Uhr | Eintritt 50 SEK | Brahegatan 38 | www.grennamuseum.se)* gewidmet. Gränna ist zudem Ausgangspunkt der kurzen Überfahrt per Fähre auf die autofreie *Insel Visingsö*. *www.destinationjonkoping.se. 180 km südlich*

GRYTHYTTAN (134 C4) (*ⅉ C13*)

In dem Dorf (1000 Ew.) treffen klassische rote Holzhäuser auf modernste Architektur. Rund um den zentralen Platz *torget* stehen Häuser des 17. Jhs. Das futuristische ● *Måltidens Hus* diente als schwedischer Pavillon der Weltausstellung in Sevilla 1992. Heute ist hier ein Museum eingerichtet, das sich dem Thema Essen und kulinarischer Kunst widmet. Außerdem: Kochbuchbibliothek, Kochhochschule und Restaurant. *Mo–Fr 9–16, Sa/So 10–15 Uhr | Eintritt frei | www.maltidenshus.com | Sörälgsvägen 4. 70 km nordwestlich*

LINKÖPING (135 D6) (*ⅉ D14–15*)

Am Standort der Industriestadt (145 000 Ew.) entschied sich kurz vor 1600 die weitere politische und religiöse Aus-richtung Schwedens. Nach der Schlacht von Stångebro zwischen evangelischen und katholischen Truppen wurde in Linköping ein Blutbad an den katholischen Soldaten verübt und damit der endgültige Sieg der Protestanten im ganzen Land besiegelt. Wer eine Zeitreise machen möchte, kann dies in Schwedens ältestem ● *Museumsdorf Alt-Linköping (Di–Fr 10–17, Sa/So 11–16 Uhr | Eintritt frei | Stadtbusse 3, 12, 13 | www.gamlalinkoping.se)* in der Nähe des Stadtzentrums. Martialischer und moderner geht es im Museum der schwedischen Luftwaffe *(Flygvapenmuseum | tgl. 11–17, Mi 11–20 Uhr, Sep.–Mai Mo geschl. | Eintritt 60 SEK | Carl Cederströmsgatan | Stadtbus 3 | www.flygvapenmuseum.se)* zu, deren Militärjet Jas Gripen bis heute in den Saabwerken hergestellt wird.

MOTALA ★ (134 C6) (*ⅉ D14*)

Die in einer Bucht am nordöstlichen Ufer des Vättern gelegene Stadt (41 000 Ew.) ist ein zentraler Punkt am Götakanal, der Göteborg mit Stockholm verbindet. Graf Baltzar von Platen, unter dessen Regie der Kanal vor rund 200 Jahren erbaut wurde, liegt hier direkt an seinem Lebenswerk begraben. Das *Kanalmuseum (Mai–Sept. tgl. 11–17 Uhr | Eintritt 20 SEK | Varvsgatan | www.gotakanal.se/sv/Gotakanal/artiklar/Historia-ib/Museer)* informiert über die Geschichte des Baus. *95 km südlich*

NORA (134 C4) (*ⅉ D13*)

Eine der am besten erhaltenen Holzstädte Schwedens. Die meisten Gebäude stammen aus dem 18. und 19. Jh. und werden heute noch bewohnt. Nora (10 000 Ew.) bekam seine Stadtrechte 1643 und wurde später zur Wiege des schwedischen Eisenbahnbaus. Das Bahnhofsgebäude aus rotem Backstein liegt gleich am See, nebenan können Sie in alten Schlafwagen übernachten *(50 Betten | Mai–Sept. | Tel. 0587 146 76 | www.norataghem.se)*

Früher Papierfabrik, heute Touristenattraktion: Arbetetsmuseum in Norrköping

oder den im Sommer mehrmals täglich fahrenden Museumszug besteigen *(Juni–Aug. | Tel. 0587 1 03 04 | www.nbvj.se). 30 km nordwestlich*

NORRKÖPING (135 D6) (*D14*)

Als Standort der Metall-, Textil- und Papierindustrie war die Stadt (124 000 Ew.) lange ein bedeutender Industriestandort. Auf dem Gelände einstiger Fabriken liegt heute ein Freilichtmuseum *(Industrilandskapet mit Arbetetsmuseum | tgl. 11–17 Uhr | Eintritt frei | www.arbetetsmuseum.se).* Das Zentrum bildet die stillgelegte Papierfabrik, die besichtigt werden kann. Das örtliche *Kunstmuseum (Di–So 11–17 Uhr | Eintritt 40 SEK | Kristinaplatsen | www.norrkoping.se/konstmuseet)* bietet eine umfangreiche Sammlung schwedischer Kunst des 20. Jhs. *120 km südöstlich*

VADSTENA (134 C6) (*C14*)

Kleiner Ort (7500 Ew.) mit imposantem Schloss und Kloster. Gustav Vasa ließ das Schloss 1545 errichten. 1850 wurde die alte Ringmauer um das Gebäude abgerissen, um die Steine beim Bau eines Hafenpiers für den Götakanal zu verwenden. Die später heilig gesprochene Brigitta gründete im 14. Jh. das Kloster. König Gustav baute es später zu einem Soldatenheim um. Es entstand ein neues Klostergebäude mit einer prächtigen Kirche. Mehrere Badestellen. *www.vadstena.com. 110 km südlich*

UPPSALA

(135 E4) (*E13*) Majestätisch thront das Schloss über Uppsala. Man könnte fast meinen, die viertgrößte Stadt des Landes (183 000 Ew.) und nicht Stockholm sei der Sitz der Königsfamilie.

In Uppsala residiert seit Langem eine andere bedeutende Persönlichkeit: der evangelische Erzbischof von Schweden. Auch Nordeuropas älteste Universität liegt in Uppsala. Die Studentenstadt

CITY **WOHIN ZUERST?**

Parken Sie in der Zentrumsgarage gleich hinter dem neuen **Hauptbahnhof** und marschieren Sie vom Stadtzentrum am Fyrisån-Fluss die Drottinggatan („Königinnentrasse") hinauf zur ✿ Universitätsbibliothek Carolina Rediviva. Dabei genießen Sie einen schönen Überblick über die Stadt. Fast alle Sehenswürdigkeiten des „schwedischen Oxford" befinden sich in unmittelbarer Nähe, sei es das Schloss, der englische Park, der Dom oder das Hafenbecken.

wird durch den Fluss Fyrisån zweigeteilt. Schloss, Uni sowie Dom und damit die meisten Sehenswürdigkeiten der Stadt stehen im westlichen Teil.

SEHENSWERTES

DOMKYRKA ⭐
Die Turmspitzen des 119 m hohen Doms zu Uppsala sind von jeder Stelle der Stadt aus zu sehen. Das im 13. Jh. erbaute Gotteshaus ist die größte Kirche Nordeuropas. In ihrer derzeitigen Form steht sie seit einer umfassenden Renovierung Ende des 19. Jhs.

GRABHÜGEL
Wie postantike Pyramiden erheben sich ein halbes Dutzend **INSIDER TIPP** Grabhügel aus der Wikingerzeit in Alt-Uppsala. Die vorchristlichen Relikte sind zu einem Treffpunkt für Freunde okkulter Traditionen geworden. In der *Odinsborg* gleich nebenan, einer Kneipe im Wikingerstil, wird süßes Bier aus Elchhörnern serviert. Spannend ist auch das *Wikingermuseum (Mai–Sept. tgl. 10–16 Uhr, April und Okt. Mo/Mi/Sa/So 12–15 Uhr | Ein*

tritt 60 SEK | Tel. 018 23 93 00 | www. uppsalasmuseer.se).

LINNÉTRÄDGÅRDEN
Im einstigen Zuhause des berühmtem Botanikers Carl von Linné werden dessen Forschungsarbeiten an Pflanzen anschaulich dokumentiert. Das Haus ist größtenteils noch originalgetreu wie zu Linnés Zeiten im 18. Jh. eingerichtet. Sehenswert auch der große Garten vor dem Haus mit den unterschiedlichsten Pflanzen. *Mai–Sept. Di–So 11–17 Uhr | Eintritt 60 SEK | Svartbäcksgatan 27 | www. linnaeus.uu.se*

SLOTTET ✿
Auf der höchsten Erhebung der Stadt liegt das von König Gustav Vasa im 16. Jh. als Festung angelegte Schloss. Hier hat Schwedens wohl berühmteste Königin, Kristina, ihre Krone zurückgegeben. Schöner Blick über die Stadt. *Führungen auf Englisch Juni–Aug. tgl. 13 und 15 Uhr | Eintritt 80 SEK | www.uppsala.se/Uppsala se/English-startpage/Culture--libraries/ Uppsala-Castle*

UNIVERSITETET
Schon 1477 wurde Uppsalas Hochschule gegründet. Das imposante Hauptgebäude im italienischen Renaissancestil wurde 1887 eingeweiht. Dort hängt ein Großteil der Kunstsammlung der Hochschule. Sehenswert sind auch die prachtvolle Aula sowie die Hauptbibliothek, die *Carolina Rediviva,* die in einem eigenen Gebäude untergebracht ist. Innen warten 5 Mio. Bände unter Kronleuchtern und in weitläufigen, weißen Sälen auf Leser. Im *Haus Gustavianum* können Sie das 1662 konstruierte **INSIDER TIPP** *anatomiska teatern* (Anatomisches Theater) bestaunen. Damit alle Medizinstudenten den Obduktionen des Professors folgen konnten, wurden die Bänke des Hörsaals

Großer Dom = bedeutende Persönlichkeit: In Uppsala sitzt der Erzbischof von Schweden

extrem steil angelegt – wie in einem Theater können die hinteren Ränge über die Köpfe der vorderen hinwegschauen. *Öffnungszeiten je nach Vorlesungszeiten | www.uu.se*

UPPSALA KONSTMUSEUM

Das Kunstmuseum im Südflügel des Schlosses bietet eine umfangreiche Sammlung an Grafiken, außerdem Wechselausstellungen zeitgenössischer Kunst. *Di/Do/Fr 12–16, Mi 12–20, Sa/So 12–16.30 Uhr | Eintritt 40 SEK | Schloss Eingang E | www.uppsala.se/konstmuseum*

ESSEN & TRINKEN

DOMTRAPPKÄLLAREN

In dem historischen Haus existiert seit 1930 ein Restaurant. Serviert werden vor allem Fleisch und Wild. Umfangreiche Weinkarte. *So geschl. | St. Eriksgränd 15 | Tel. 018 13 09 55 | www. domtrappkallaren.se | €€*

FLUSTRET

Preiswerte Küche in ungewöhnlichem Ambiente. Wie ein hölzernes Lustschloss sieht der Pavillon aus, in dem das Restaurant untergebracht ist. An der Bar treffen sich vor allem Jüngere. *Tgl. | Svandammen 1 | Tel. 018 10 04 44 | www. flustret.se | €*

SVENSKA DELIKATESSEN

Touristen, die sich im Apartment oder Ferienhaus selbst versorgen, können sich hier mit naturbelassenen schwedischen Leckereien eindecken. Nicht ganz leicht zu finden in einer der zentralen Wohngegenden Uppsalas bietet der kleine Laden ökologische Produkte aus der Region wie Fleisch, Honig, Brot und Gemüse an. *So–Di geschl. | Styrbjörnsgatan 16 | www. svenska-delikatessen.se*

FREIZEIT & SPORT

LENNAKATTEN ●

Eine der längsten Museumseisenbahnen Schwedens lädt zu einem Ausflug in die Umgebung von Uppsala ein. Mit der Dampflok geht es zum ehemaligen Knotenpunkt *Marielund* oder zum Familienbad in *Fjällnora*. Die Züge verkehren von Juni bis September täglich. Die Mitnahme von Fahrrädern ist möglich. Die Bahn fährt in der Nähe des neuen Hauptbahnhofs von Uppsala ab und ist von dort auch ausgeschildert. *www. lennakatten.se*

AM ABEND

Als Studentenstadt hat Uppsala vor allem für jüngere Leute jede Menge Bars und Diskotheken zu bieten, die meisten in der Nähe des Fyrisån-Flusses. In offizielle *nationen* (Studentenkneipen) kommt man nur mit Studentenausweis.

INSIDER TIPP ▶ KATALIN

In einem ehemaligen Lager der schwedischen Eisenbahn. Bar, Restaurant und Musikklub in einem, gibt es im Katalin preiswertes Essen und Konzerte internationaler und schwedischer Musiker. Treffpunkt der Jazz- und Soulfreunde. *Godsmagasinet Östra Station | Tel. 018 14 06 80 | www.katalin.com*

ÜBERNACHTEN

INSIDER TIPP ▶ AKADEMIHOTELL

Erste Wahl für alle, die preiswert und zentral in schönem Ambiente wohnen wollen. Das Hotel gehört zur Universität, sein ältester Gebäudeteil stammt von 1698. *38 Zi. | Övre Slottsgatan 5 | Tel. 018 15 51 90 | www.akademihotellet.uu.se | €€*

GRAND HOTELL HÖRNAN

Luxuriöses Haus in prachtvollem Gebäude mitten im Zentrum. *37 Zi. | Bangårdsgatan 1 | Tel. 018 13 93 80 | www. grandhotellhornan.com | €€€*

UPPSALA VANDRARHEM CITY

Zentral, günstig, einfach, aber laut – die für Gäste jeglichen Alters offene Herberge bietet außer Schlafräumen mit bis zu 8 Betten auch Einzel- und Doppelzimmer. *25 Zi. | Kvarntorgsg. 3 | Tel. 018 24 20 08 | www.uppsalavandrarhem.se | €*

LOW BUDGET

▶ Zwischen den Seen Hjälmaren und Mälaren laden schöne alte Bauernhöfe in herrlicher Natur zum günstigen Verweilen ein. Bei Arboga z. B. bietet der *Hof Röfors* für 700 SEK/Nacht sechs Personen eine Unterkunft inkl. Ruderboot, Angelruten und Wäldern und Weiden voller Tiere (Hirsche, Elche, Büffel). *Röfors Gård | Arboga | Tel. 070 5 49 10 61 | www. roforsgard.se*

▶ Von Grisslehamn (bei Uppsala) fahren mehrmals täglich Ostsee-Fähren auf die zu Finnland gehörenden *Ålandinseln (Fahrzeit ca. 2 Std. | ab 80 SEK/Hin- und Rückfahrt | www. eckerolinjen.se)*. Entlang der mittelschwedischen Ostseeküste bieten zudem staatliche Fährschiffe kostenlose Überfahrten auf vorgelagerte Inseln und Schären an *(www.vagverket.se)*.

Zeitreise ins Mittelalter: Ritterspiele im Schloss Skokloster

AUSKUNFT

TURISTBYRÅ
Fyristorg 8 | Tel. 018 7 27 48 00 | www. uppland.nu

ZIELE IN DER UMGEBUNG

LINNÉS HAMMARBY ⭐
(135 E4) (📖 *E13)*
Typisch schwedische rot-weiße Holzhäuser, umgeben von einem Park, der schön angelegt ist, ohne steril zu wirken. 19 Jahre lang lebte der Botaniker Carl von Linné in den Sommermonaten in Hammarby. Ein großer Teil der Blumenvielfalt, die er im Garten anpflanzte, ist noch erhalten. Der Staat hat das Grundstück bereits 1879 gekauft und einem seiner berühmtesten Söhne ein kleines Museum gewidmet. *Park Mai/Sept. Fr–So 11–17, Juni–Aug. Di–So 11–17 Uhr. Museum nur mit Führung. Eintritt 60 SEK | www. hammarby.uu.se. 15 km südöstlich*

SIGTUNA ⭐ **(135 E4) (**📖 *E13)*
Das kleine Städtchen (20 000 Ew.) am See Mälaren ist eine Art bewohntes Freilichtmuseum. Alte Holzhäuser prägen den Stadtkern. Im 11. Jh. war Sigtuna Bischofssitz und eine der größten Städte des Landes. Hier wurden die ersten schwedischen Münzen geprägt. Von den ursprünglich sieben Kirchen ist lediglich die Marienkirche vollständig erhalten. *sal.sigtuna.se/turism. 30 km südlich*

SKOKLOSTER **(135 E4) (**📖 *E13)*
Das zu schwedischen Großmachtzeiten um 1650 erbaute Schloss gilt als das größte, das in Schweden jemals von einer Privatperson in Auftrag gegeben wurde. Das Barockgebäude wurde nie völlig fertig gestellt, der große Bankettsaal ist immer noch eine Art Baustelle des 17. Jhs. Das Gebäude ist in sehr gutem Zustand und auch wegen der interessanten Kunstsammlung einen Besuch wert. Was nur wenige wissen: Hier hängt unter anderem Giuseppe Arcimboldos berühmtes Gemälde des Kaisers Rudolph II. als Vertumnus. Im Sommer legt der Dampfer (Uppsala–Stockholm) gleich beim Schloss an. *Mai–Mitte Juni/Sep. Sa/So 12–16, Mitte Juni–Aug. tgl. 11–17 Uhr | Tel. 08 4 02 30 70 | www. skoklostersslott.se. 20 km südlich*

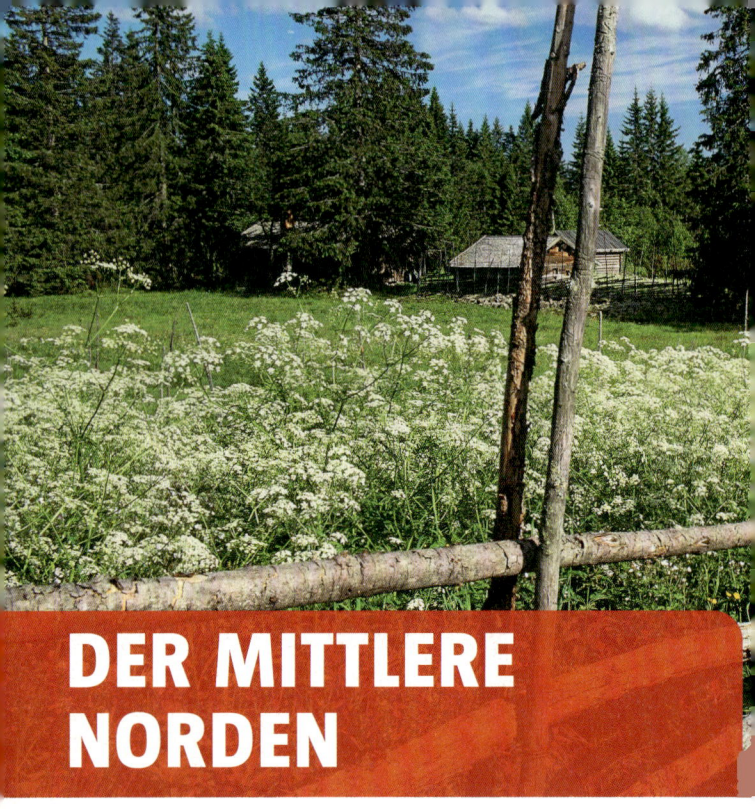

DER MITTLERE NORDEN

Der mittlere Norden Schwedens ist traditionsverbundener als der Rest des Landes. An den großen Festtagen tragen ungewöhnlich viele Menschen Trachten und feiern ihre Volksfeste im Freien mit Volksmusik und -tanz. Aus der Gegend kommen auch die beliebten roten Holzpferde, die *Dalahästar*.

Wer die Einsamkeit liebt, wird sich im mittleren Norden wohlfühlen. In der Provinz Härjedalen z. B. kommt auf jeden Quadratkilometer weniger als ein Einwohner – was auch Wölfe, Bären und Elche schätzen.

Mit Carl Larsson und Anders Zorn haben gleich zwei berühmte schwedische Maler ihre Wurzeln in der Region, auch die Schriftstellerin und Nobelpreisträgerin Selma Lagerlöf hat lange hier gearbeitet.

Die Region Dalarna ist mit ihren Feldern und Wiesen, den sanften Hügeln und waldreichen Bergen eine der reizvollsten Gegenden Schwedens. Eingebettet in die malerische Landschaft von Dalarna, liegt 160 m über dem Meeresspiegel der See Siljan, an den sich zahlreiche kleine und mittelgroße Ortschaften reihen. In Jämtland im Nordwesten, an der Grenze zu Norwegen, erheben sich die „schwedischen Alpen" – besonders beliebt bei Wanderern und Skifahrern. Die Landschaften Ångermanland, Medelpad und Hälsingland im Osten haben einen langen Küstenabschnitt. Hier ist der Bottnische Meerbusen besonders breit. Zur Gegend gehört auch Höga Kusten, die bergigste Küstenregion der Ostsee, die zum Welterbe der Unesco zählt.

Bild: Djurberga in der Region Dalarna

Sanfte Hügel, stille Buchten: Zwischen Wiesen und waldreichen Bergen schlägt das traditionsverbundene Herz Schwedens

FALUN

(135 D3) *(ⁿ D12)* ⭐ **Als wäre ein Meteorit eingeschlagen, klafft ein riesiges Loch unmittelbar vor der Einfahrt nach Falun (55 000 Ew.).**

Es ist die jahrhundertealte Kupfergrube, das Wahrzeichen der Stadt in der Provinz Dalarna. Die verbliebenen prachtvollen Gebäude zeugen vom ehemaligen Reichtum. Stadt und Grube zählen seit 2001 zum Unesco-Welterbe.

SEHENSWERTES

DALARNAS MUSEUM

In keiner anderen schwedischen Gegend wird der Brauchtumspflege so viel Bedeutung beigemessen wie in der Region Dalarna. Das Haus widmet sich der Volkskunst und zeigt Malerei, Musikinstrumente, Trachten sowie Kupferhandwerk. *Di–Sa 10–17, So/Mo 12–17 Uhr, Sept.–April Mi bis 21 Uhr | Eintritt frei | Stigaregatan 2–4 | www.dalarnasmuseum.se*

55 m mit dem Fahrstuhl in die Tiefe: stillgelegte Kupfergrube in Falun

KOPPARBERGET

Beeindruckend ist ein Blick in den Krater der erst Ende des 20. Jhs. stillgelegten Grube. Im *Världsarvhuset (Welterbehaus)* wird die lange Geschichte des Kupfererzabbaus anschaulich mit Filmen und Computeranimationen gezeigt. Auch die alte Grube kann besichtigt werden. Mit dem Fahrstuhl geht es 55 m in die Tiefe und dann zu Fuß weiter. *Die Öffnungszeiten des Museums sowie für die Grubenbesichtungen am besten telefonisch erfragen oder sich über die Homepage informieren | Eintritt Museum: 60 SEK; Grubenbesichtigung inkl. Museum 210 SEK | Gruvgatan 44 | Tel. 023 78 20 30 | www.falugruva.se*

RÖDFÄRGSVERKET ●

Traditionell sind schwedische Holzhäuser kupferrot gestrichen. Die Farbpigmente waren ursprünglich Nebenprodukt der Kupfererzgewinnung. In der Faluner Fabrik kann beim Produktionsprozess zugeschaut werden. *Mo–Fr 11–15 Uhr | Führung 20 SEK | Falu Rödfärg, neben der Grube | www.falurodfarg.com*

INSIDER TIPP ▶ TRÄSTADEN

Die Stadtteile Elsborg, Östanfors und Gamla Herrgården bilden die so genannte *Trästaden* (Holzstadt). Die Holzhäuser blieben vom großen Brand 1761 verschont. In Elsborg entstand im 17. Jh. die erste Einfamilienhaussiedlung Schwedens.

Besonders schön wird es, wenn sich in der Adventszeit in Östanfors jeden Abend ein neues, festlich ausgeschmücktes Fenster präsentiert *(www.adventsfonster.se).*

ESSEN & TRINKEN

BANKEN BRASSERIE

Vorzügliche schwedische und internationale Küche, mittags zum günstigen Menüpreis, abends oft mit Livemusik und à la carte. Das Ganze im exklusiven Ambiente einer ehemaligen Bank, auf der Terrasse oder im mit teuren Weinflaschen gefüllten Untergeschoss *(Två Rum & Kök)*. Åsgatan 41 | Tel. 023 71 19 11 | *www.bankenfalun.se* | €€–€€€

FREIZEIT & SPORT

Falun ist Austragungsort der Nordischen Skiweltmeisterschaften 2015 *(www. beyondskiing2015.com)*. Werfen Sie einen Blick auf jene Stätten, an denen um olympisches Gold gekämpft werden wird. Im Zentrum steht die Freizeitanlage *Lugnet* am Stadtrand. Auf dem Areal liegt u. a. das nationale *Skistadion* sowie die von Weitem sichtbaren Türme der Sprungschanzen, die als Wahrzeichen Faluns gelten. Die ✹ *Skischanze (tgl. 11–17 Uhr | Eintritt Sommerzeit 25 SEK | Lugnetvägen)* dient im Sommer auch als höchster Aussichtsturm von ganz Dalarna und eröffnet einen phantastischen Blick auf den Schärengartensee Runn mit seinen mehr als 100 Inseln.

Der See Runn bietet im Sommer unzählige Ausflugsmöglichkeiten – schön zum Baden ist z. B. die Landzunge *Roxnäs.* Im Ferienpark *Främby Udde* können Sie Wasserski fahren, baden oder Kanus mieten.

ÜBERNACHTEN

FRÄMBY UDDE

Direkt am schönen Runnsee auf einer Landzunge gelegen, sieht das aus dem 19. Jh. stammende Haupthaus der Anlage aus wie die Villa Kunterbunt. Dort wird gegessen und finden Kulturveranstaltungen statt. In den modernen Holzhäuschen am Strand schläft es sich das ganz Jahr über gut. *30 Zi. | Tel. 023 19 78 4 | www.frambyudde.se* | €€

RANKHYTTANS HERRGÅRD

Das kleines, stilvolle Hotel im Herrenhaus ganz in der Nähe des Sees Runn verfügt u. a. über ein Spa-Bad. Neben den Zimmern werden auch Ferienwohnungen vermietet. *18 Zi. | Rankhyttans Herrgård | Tel. 023 77 04 60 | www. rankhyttan.se* | €€

AUSKUNFT

TURISTBYRÅ

Trotzgatan 10–12 | Tel. 023 8 30 50 | www. visitfalun.se

ZIELE IN DER UMGEBUNG

BORLÄNGE (135 D3) *(𝄞 D12)*
Die Industriestadt (47 000 Ew.) ist geprägt von Stahl- und Papierherstellung. Das *Geologische Museum (Mo/Di/Do/Fr 10–11.30 und 12–15.30, Sa 13–15 Uhr | Eintritt 30 SEK | Hantverksbyn 13 | www. stenbiten.se)* stellt Mineralien und Edelsteine aus und arrangiert im Sommer

---

⭐ **Falun**
Die historische Holzstadt und das ehemalige Kupferbergwerk gehören zum Unesco-Welterbe
→ S. 81

⭐ **Carl Larsson Gården**
Das letzte Heim des berühmten Malers ist genauso idyllisch wie seine Bilder → S. 84

⭐ **Högakustenleden**
Immer am Meer entlang: einer der abwechslungsreichsten Wanderwege Schwedens
→ S. 86

⭐ **Fläsian**
Der saubere Sandstrand ist ein schönes Plätzchen zum Sonnen und Baden → S. 91

MARCO POLO HIGHLIGHTS

Goldwäschespiele für Kinder. *20 km südwestlich*

CARL LARSSON GÅRDEN ★ ●
(135 D3) (*Ⓜ D12*)

Das Wohnhaus des berühmten schwedischen Jugendstilmalers sowie der schöne Garten strahlen jene Friedlichkeit aus, die etliche von Larssons Bilder prägen. Zusammen mit seiner Frau Karin, die viele der Textilien im Haus gestaltete, lebte der Künstler von 1889 bis zu seinem Tod 1919 in dem Haus in Sundborn. *Führungen Mai–Sept. tgl. 10–17, Jan.–April und Okt.–Dez. 11–17 Uhr | Eintritt 145 SEK | Sundborn | www.carllarsson.se. 15 km nordöstlich*

Erinnert in Mora an Gustav Vasa: das Langlaufdenkmal

MORA (134 C2) (*Ⓜ C11*)

Am nördlichen Ufer des Siljan gelegen, ist Mora (20 000 Ew.) der perfekte Ort für eine Ruhepause mit Bad im See. In Erinnerung an die Flucht Gustav Vasas vor den Dänen findet alljährlich im Winter der 90 km lange *Wasalanglauf* statt, der in Mora endet. Anders Zorn, der neben Carl Larsson bekannteste schwedische Maler, wurde 1860 in Mora geboren. Besuchen Sie unbedingt das **INSIDER TIPP** Anders-Zorn-Museum und sein ehemaliges Wohnhaus Zorngården. Im Museum ist eine stattliche Sammlung seiner impressionistischen Gemälde zu sehen. *Zornmuseet: Mitte Mai–Mitte Sept. Mo–Sa 9–17, So 11–17, Mitte Sept.–Mitte Mai: tgl. 11.45–16 Uhr; Zorngården: Mitte Mai–Mitte Sept. Führungen zur halben und vollen Stunde, Mitte Sept.–Mitte Mai zur vollen Stunde | Voranmeldung empfohlen unter Tel. 0250 59 23 10 | Eintritt Museum 60 SEK, Zorngården 90 SEK | www.zorn.se. 90 km nordwestlich*

ORSA (134 C2) (*Ⓜ C11*)

An der Grenze zwischen den offenen Kulturlandschaften des südlichen und den unendlichen Wäldern des nördlichen Schwedens liegt die Kleinstadt Orsa. Ihre Attraktion ist Europas größter Bärenpark *(tgl. 9–15 Uhr (im Sommer bis 20 Uhr) | Eintritt 180 SEK | Grönklitt | www.orsa bjornpark.se)*.
In einer alten Sennerei außerhalb der Ortschaft haben sich Liselotte und Pär Länsman einen Traum verwirklicht: Im 🌿● *Smidgården (Fryksås 248 | Orsa | Tel. 0250 3 42 14 | ganzjährig geöffnet | www. smidgarden.se | €€)* gibt es feines Essen, gemütliche Unterkünfte und Massagen.

Dazu bietet die Familie Aktivitäten wie Brotbacken, Bierdegustationen und Holzsaunabaden an. *100 km nordwestlich*

HÖGA KUSTEN

(137 D–E 4–5) (🗺 *E–F 8–9*) **Tiefe Schluchten, Berge, die bis ans Meer reichen und stille Buchten – die Hohe Küste ist der extremste Küstenabschnitt der ganzen Ostsee.**

Das Gebiet erstreckt sich etwa von Örnsköldsvik bis zum 100 km weiter südlich gelegenen Härnösand. Wie keine andere Region zeigt sie die Landhebung als geologische Entwicklung nach dem Abschmelzen des Inlandeises. Deshalb ist Höga Kusten von der Unesco zum Welterbe ernannt worden. Die Wälder und Berge sind ein hervorragendes Terrain zum Wandern, die Strände sind zwar schmal, doch dafür gibt es viele einsame Stellen.

SEHENSWERTES

FISKEVISTET **(137 E4)** (🗺 *F8*)

Höga Kusten gilt als Heimat der Fischspezialität *surströmming,* des fermentierten Herings. Seit Neuestem widmet sich ein eigenes Museum dem Thema. Zum Haus gehört auch ein Abenteuerspielplatz mit Piratenschiff. *Juni–Aug. tgl. 11–17 Uhr | Eintritt frei | Skagsudde | Skeppsmalen | www.fiskevistet.se*

NORDINGRÅ **(137 E5)** (🗺 *E9*)

Die Halbinsel ist perfekt, um ein paar Tage auszuspannen. Wasser, Wald und Berge – Nordingrå bietet auf kleinstem Raum alles, was die Hohe Küste ausmacht. Sie können hier reiten, wandern, Kanu fahren oder baden. Unterkunft bieten zahlreiche kleine Familienhotels, Bed

& Breakfasts und Hütten. Zu Nordingrå-Halbinsel gehören neben dem gleichnamigen Dorf 63 weitere Ortschaften, die verstreut an einer kurvenreichen Straße liegen, die sich über die ganze Halbinsel schlängelt. Die meisten bestehen nur aus wenigen Häusern. *Unterkunft und Vermietung von Kanus etc. z. B. Lappuddens Stugby (Tel. 070 2 86 43 05 und 070 6 25 07 83 | www.lappudden.se). www.nordingra.se*

ÖRNSKÖLDSVIK **(137 E4)** (🗺 *F8*)

Als einzige größere Stadt (55 000 Ew.) in der Gegend dient Örnsköldsvik als Versorgungszentrum für die ganze Umgebung. Besonders im Sommer ist in der Fußgängerzone dementsprechend viel los. Im behutsam renovierten alten Schulgebäude befindet sich das regionale Museum mit kulturhistorischen Ausstellungen, daneben die Werkstatt des Bildhauers Bror Marklund *(beide Di 11–20, Mi–Sa 11–16 Uhr | Eintritt frei | Läroverksgatan 1). www.ornskoldsvik.se/turism*

SKULESKOGEN **(137 E4)** (🗺 *F8–9*)

Im Nationalpark Skuleskogen zeigt sich die geologische Entwicklung der Höga Kusten am besten. Innerhalb von 9600 Jahren hat sich das Land 270 m aus dem Meer erhoben. Der an den Nationalpark angrenzende 🌸 *Skuleberget* ist mit 294 m die höchste Erhebung der Region und ein einmaliger Aussichtspunkt.

ULVÖHAMN **(137 E4)** (🗺 *F9*)

Von Holzhäusern geprägtes Fischerdorf auf der Insel Ulvön. Bereits im 15. Jh. fischten Bewohner Mittelschwedens während der Sommermonate vor der Insel. Die letzte Fischfabrik schloss in den 1980er-Jahren. Die 1622 erbaute Kapelle von Ulvö ist die älteste Fischerkirche an der nordschwedischen Küste. Eine schöne Aussicht haben Sie vom ☀ Lotsberg hinter dem Dorf.

STRÄNDE

GULLVIKS HAVSBAD
Großer Sandstrand, der an ein Feriendorf und einen Campingplatz angebunden ist *(Domsjö gleich südlich von Örnsköldvik | Tel. 0660 745 82 | www. gullvikshavsbad.se).*

STORSANDS HAVSBAD
100 000 m² großes Gebiet mit feinem Sandstrand und Dünen. *Norrfällsviken | nordwestlich von Nordingrå*

FREIZEIT & SPORT

REITEN
In der abwechslungsreichen Landschaft können Anfänger und erfahrene Reiter mehrstündige oder mehrtägige Touren unternehmen *(z. B. bei Hästgård Höga Kusten | Skärsätter 302 | Sandöverken | Tel. 0613 3 02 35).*

WANDERN
Es gibt keine bessere Möglichkeit, die einmalige Küstenlandschaft kennen zu lernen, als den fast 130 km langen Wanderweg ⭐ *Högakustenleden* zu begehen. Nirgendwo sonst in Schweden können Sie auf solcher Höhe so nah an der Küste entlang wandern. Der Weg führt in 13 gut ausgeschilderten Etappen von Örnsköldvik nach Hornöberget.

ÜBERNACHTEN

Über das ganze Gebiet verteilt liegen zahlreiche Feriendörfer. Bei der Buchung hilft das örtliche Turistbyrå. Besonders schön und dazu noch ausgesprochen preiswert ist die Jugendherberge in *Härnösand (67 Betten | Volontärvägen 9–11 | Tel. 0611 2 03 85 | €)* und *Härnösand/Rö (33 Betten | Tel. 0611 6 40 11 | www.svenskaturistforeningen.se | €).* Urlaub auf einem Pferdehof an der Höga Kusten bietet *Mädan Islandshästar (Mädan 114 | Nordingrå | Tel. 0613 2 41 11 | www.madanislandshastar.se | auch Vermietung von Hütten | €€).*

AUSKUNFT

ENTRÉ HÖGAKUSTEN
Nur Fernabfragen. *Tel. 0613 108 50 | www.hogakusten.com*

KRAMFORS TURISTBYRÅ
Für den südlichen Teil. *Torggatan 2 | Kramfors | Tel. 0612 8 01 20 | www. turistinfo.kramfors.se*

ÖRNSKÖLDSVIK TURISTBYRÅ
Für den nördlichen Teil. *Lasarettsgatan 5 | Örnsköldvik | Tel. 0660 8 81 00 | www. ornskoldsvik.se/turism*

ÖSTERSUND

(136 B4) *(ⓜ D8)* **Die Hauptstadt der Provinz Jämtland ist das Wirtschaftszentrum des nördlichen Inlands. Östersund (58 000 Ew.) wurde Ende des 18. Jhs. von Gustav III. gegründet und liegt terrassenförmig ansteigend am Ostufer des Storsjön-Sees.**

Die Stadt bietet sich als Zwischenstopp auf dem Weg in den Norden ebenso gut an wie als Ausgangsbasis für Ausflüge in das umliegende Gebiet oder auf eine der zahlreichen Inseln im Storsjön-See.

SEHENSWERTES

JAMTLI
Das *Jamtli (Jämtlands länsmuseum)* ist eine einzigartige Kombination aus

Volkskunde- und Freilichtmuseum. Besucher begeben sich auf eine Reise in die Vergangenheit: In rund 60 Bauernhöfen des 18. und 19. Jhs. können sie sich für einen Tag als Knecht, Magd oder Holzflößer versuchen. Sehenswert sind u. a. ein steinzeitlicher Siedlungsplatz und tau-

STADTZENTRUM/STORGATAN

Östersund wurde einst mit einem rechtwinkligen Straßennetz angelegt. Im Zentrum ist die Struktur weitgehend erhalten. Entlang der *Storgatan* liegt ein gut erhaltenes und sehenswertes Stadtviertel aus dem 19. Jh.

Einblick ins Einkauferlebnis anno dazumal: Krämerladen im Museum Jamtli

send Jahre alte Teppiche aus Överhogdal. Die vollständig erhaltenen Webmuster haben ihren Ursprung in der altnordischen Mythologie und sind die ältesten Europas. Gezeigt werden auch Fallen, mit denen man im 19. Jh. versuchte, das Seeungeheuer zu fangen, das angeblich im See vor der Stadt lebte. *Jan.–Mitte Juni und Mitte Aug.–Dez. Di–So 11–17, Mitte Juni–Mitte Aug. tgl. 11–17 Uhr | Eintritt 60 SEK (Mitte Juni–Mitte Aug. 240 SEK) | Museiplan | www.jamtli.com*

NYA KYRKAN

Sehenswert sind die Deckengemälde der 1940 gebauten Neuen Kirche. Sie stammen von dem schwedischen Künstler Hilding Linnqvist.

ESSEN & TRINKEN

EN LITEN RÖD

In diesem kleinen, einfachen Restaurant stehen Fondue, viel Fisch und Fleisch, aber auch vegetarische Gerichte auf der Speisekarte. *So geschl. | Brogränd 19 | Tel. 063 12 63 26 | www.enlitenrod.se | €€*

MARK TWAIN BAR AND KITCHEN

Stilvolles Restaurant mit zum Teil deftigem Essen. Spezialität des Hauses ist Gegrilltes. An der Bar große Auswahl an schwedischen und ausländischen Biersorten sowie eine riesige Whiskey- und Cognackarte. Ab und an Livemusik. *So/Mo geschl. | Biblioteksgatan 5 | Tel. 063 12 33 20 | €€*

ÜBERNACHTEN

GAMLA TEATERN

Das alte Stadttheater wurde zum Hotel umgebaut. Sie schlafen dort, wo sich früher die Schauspieler auf ihren Auftritt vorbereiteten. Abends im alten Theatersaal häufig Konzerte. *64 Zi. | Thoméegränd 20 | Tel. 063 5116 00 | www. gamlateatern.se | €€*

HOTEL EMMA

Gemütliches Familienhotel in der Fußgängerzone. Die Doppelzimmer können per Extrabett preiswert zu Familienzimmern aufgerüstet werden. *18 Zi. | Prästgatan 31 | Tel. 063 5178 40 | www.hotelemma.se | €€*

LOW BUDGET

▶ In der Kupferminenmetropole Falun können Sie hinter „schwedischen Gardinen" übernachten. Das 🌿 alte Gefängnis mit wunderschönem Blick über die Stadt dient heute nämlich als preiswerte Herberge mit originalen Zweier- und Viererzellen. *Villavägen 17 | Tel. 023 79 55 75 | www. falufangelse.se | 260 SEK/Nacht*

▶ Rund um den Siljan-See gibt es das ganze Jahr über viel Musik für wenig Geld – ob im Rahmen des Sommerfestivals „Musik vid Siljan" im Juli *(www.musikvidsiljan.se)*, Konzerten in einer stillgelegten Kiesgruppe *(www.dalhalla.se)* oder bei den vielen kleineren und größeren Volksmusikveranstaltungen. Für die Fahrten zwischen den einzelnen Konzertorten per Bus und Bahn sollten Sie eine günstige Sommarkarte *(www.sommarkortet.nu)* kaufen.

FREIZEIT & SPORT

DAMPFERFAHRT ●

Auf der *S/S Thomée* können Sie die schöne Region Storsjöbygden vom Wasser aus erleben und dabei möglicherweise dem im 100 m tiefen See lebenden Ungeheuer auf die Schliche kommen, das 1635 dort gesichtet worden sein soll und heute wie seine schottische Schwester Nessie immer wieder für Schlagzeilen sorgt. Auf dem Storsjön-See fährt der älteste Dampfer Schwedens im Linienverkehr *(in der Hochsaison Di–So | 100 SEK | Tel. 063 12 22 27 | aktueller Fahrplan im Turistbyrå)*.

STRÄNDE

Am Rand des großen *Storsjön-Sees* oder auf einer der vielen Inseln gibt es diverse Bademöglichkeiten. Die Insel *Andersön* ist ein Naturschutzgebiet, in dem Sie wunderbar spazieren gehen können. Sie bietet auch schöne Badestellen samt Grillplätzen.

AUSKUNFT

TURISTBYRÅ

Rådhusgatan 44 | Tel. 063 14 40 01 | www. turist.ostersund.se

ZIELE IN DER UMGEBUNG

ÅRE (136 A4) (𝄐 C8)

Der Ort (9000 Ew.) ist das Zentrum des schwedischen Wintersports. Ob Snowboarden oder Slalomski – die über 100 Abfahrten machen Åre zum Wintersportparadies. Im Sommer können Sie Bergwandern, die reißenden Gebirgsflüsse sind eine Herausforderung für geübte Kajakfahrer *(Åre Äventyr | Tel. 0647 177 20)*. Sehenswert ist die massive Steinkirche *Gamla kyrka* aus dem 12. Jh. *www. visitare.se. 100 km nordwestlich*

FÄVIKEN 😊 (136 B4) (🗺 C8)

Die alte Farm Fäviken Magasinet aus dem 18. Jh. liegt etwas abseits der großen Touristenwege im Ort Järpen. Sie wurde von Koch Magnus Nilsson zu einer exklusiven Gourmetdestination umfunktioniert. Nilsson und sein Team verwenden für ihre kulinarischen Großtaten fast ausschließlich ökologische und lokale Zutaten. Einzig die hervorragenden Weine haben ihren Ursprung viel weiter südlich. In Fäviken Magasinet können Gäste nicht nur fein essen, sondern auch bequem übernachten und den Ort als Ausgangspunkt für Ausflüge in die spannende jämtländische Wildnis nutzen. Achtung: Frühzeitig reservieren! *(Tel. 0647 4 01 77 | favikenmagasinet.se | €€€). 75 km nordwestlich*

TÄNNDALEN (136 A5) (🗺 B9)

In Tänndalen am See Bolangen südwestlich von Östersund können Sie – inmitten von 1500 m hohen Bergen – im Winter nach Äschen angeln. Die Anreise erfolgt am einfachsten über den Flughafen Röros im benachbarten Norwegen. Gäste des *Fjällnäs Högfjällshotell (42 Zi. | Malmagen | Tänndalen | Tel. 0684 2 30 30 | www.fjallnasreserve.com | €€)* werden abgeholt. *220 km südwestlich*

SUNDSVALL

(137 D5) (🗺 E9) Die pompösen Häuser der Storgatan, der zentralen Straße Sundsvalls, versprühen einen aristokratischen Charme, der so gar nicht zum Klischee des nüchternen Nordschweden passen mag.

Ohne Zweifel ist Sundsvall (94 000 Ew.) die prachtvollste Stadt nördlich von Uppsala. Ihr Schicksal ist seit Langem eng mit Holz verbunden. Der Reichtum Sundsvalls ist der Sägeindustrie zu ver-

Åre: Mit der Seilbahn auf den Berg, auf Skiern die Pisten runter

danken, die im 19. Jh. hier ihre Werke baute. Weil die meisten Häuser aus Holz gebaut waren, konnten sie 1888 bei einem Großbrand nicht gerettet werden. Der später in Stein errichtete Stadtkern ist der architektonisch beeindruckendste Teil der Stadt.

SEHENSWERTES

BILDENS HUS
Dokumentarische und künstlerische Fotografien, oft von Nachwuchsfotografen aus der Region. Umfangreiche Sammlung alter Kameras. *Di–Fr 10–19, Sa 11–15 Uhr | Eintritt frei | Magasinsgatan 12 | Tel. 060 19 25 34 | www.fotomuseet.se*

STENSTAD
Die Steinhäuser im Stadtkern, die großzügigen Boulevards und Parks spiegeln das architektonische Ideal wider, das im Europa des 19. Jhs. vorherrschte. Mehr über städtebauliche und kulturelle Hintergründe erfahren Sie bei einer Stadtführung *(Buchung übers Turistbyrå)*, für Schwindelfreie wird eine **INSIDER TIPP** Wanderung über die Dächer der Stadt angeboten.

ESSEN & TRINKEN

INSIDER TIPP ALTIN
Angehende Köche und Bäcker betreiben das Altin. Wer in lockerer Atmosphäre die schwedische Küche von morgen erleben

BÜCHER & FILME

▶ **Stieg Larsson** – Der 2004 gestorbene Journalist hatte an einer auf zehn Bände angelegten Geschichte seines Alter-Egos Mikael Blomkvist und der Hackerin Lisbeth Salander gearbeitet. Drei wurden nach seinem Tod veröffentlicht und als „Millenium-Trilogie" berühmt: „Verblendung", „Verdammnis", „Vergebung" (schwed. Verfilmung 2009, engl. Verfilmung von Verblendung 2011).

▶ **Astrid Lindgren** – Neben Bestsellern wie „Pippi Langstrumpf" oder „Wir Kinder aus Bullerbü" lohnen auch weniger bekannte Geschichten (vor)gelesen zu werden: z. B. die der kleinen Lotta und ihrer Geschwister aus der Krachmacherstraße oder „Ferien auf Saltkrokan".

▶ **Liza Marklund** – Ihre Krimis um die Stockholmer Journalistin Annika Bengtzon stehen denen ihrer männlichen Schreibkollegen in nichts nach.

▶ **Henning Mankell** – An ihm und all den schonungslosen Mordserien, die sein spröder Kommissar Wallander in und um Ystad aufklärt, geht im schwedischen Krimigenre kein Weg vorbei – egal ob als Buch oder Film.

▶ **Håkan Nesser** – Nessers Ermittler Van Veeteren könnte Wallanders Bruder im Geiste sein. Auch sein jüngerer Held Gunnar Barbarotti, halb Schwede, halb Italiener, ist eine ähnlich zerrissene Figur.

▶ **Wiedersehen in Dalarna** – In Maria Bloms Film (2004) kehrt die erfolgreiche Stockholmerin Mia zu einem Familienfest in ihr Heimatdorf in Dalarna zurück. Ein komischer und zugleich bewegender Film über Erwartungen und Neid, Ängste und Familienbande, über das Stadt-Land-Gefälle und darüber, sich heimisch und doch fremd zu fühlen.

Aristokratischer Charme an der Storgatan, der zentralen Straße von Sundsvall

möchte, ist hier richtig. *Sa/So geschl. | Skolhusallén 5 | Tel. 060 19 24 47 | €*

BRANDSTATION

Feines Restaurant mit französisch-schwedisch inspirierter Küche in der alten Feuerwehr. Preiswerte Mittagskarte. *So geschl. | Köpmangatan 29 | Tel. 060 12 39 36 | www.brandstation.org | €€*

STRAND

FLÄSIAN ★

4 km südlich der Stadt können Sie am großen Naturstrand (sonnen-)baden. Im Sommer auch Camping und Hüttenvermietung, ein Teil des Strandes ist den Gästen vorbehalten. *Fläsians Camping & Stugor | Norrstigen 15 | Tel. 060 55 44 75 | www.camping.se/y26 | €*

ÜBERNACHTEN

ELITE HOTEL KNAUST

Eines der beeindruckendsten Hotels ganz Schwedens. Die berühmte Neoba-rocktreppe im Inneren des Hauses ist ein sehenswertes Beispiel der Architektur um die Jahrhundertwende. Das Haus aus dem Jahr 1890 ist wahrscheinlich das schönste der ganzen Stadt und bietet Luxus pur. Die Zimmer sind modern eingerichtet. *141 Zi. | Storgatan 13 | Tel. 060 6 08 00 00 | www.elite.se/hotell/ sundsvall/knaust | €€€*

LILLA HOTELLET

Mitten im Zentrum ist dieses Familienhotel in einem denkmalgeschützten Haus untergebracht. Fragen Sie bei der Buchung nach einem **INSIDER TIPP** Zimmer mit einem der typisch schwedischen Kachelöfen ! Auch das kleine Gartenhaus im Innenhof wird vermietet. *10 Zi. | Rådhusgatan 15 | Tel. 060 61 35 87 | www. lilla-hotellet.se | €*

AUSKUNFT

TURISTBYRÅ

Stora Torget | Tel. 060 6 58 58 00 | www. sundsvallturism.com

DER NORDEN

Mitte Juni scheint die Sonne so gut wie rund um die Uhr im Norden Schwedens. Im Winter ist es Tag und Nacht nahezu stockdunkel und eiskalt. Dann sind am Himmel Polarlichter zu sehen – ein einmaliges Naturschauspiel, das allein die 2000 km lange Reise vom Südzipfel des Landes bis hoch in den Norden Lapplands rechtfertigt.

Während der Sommermonate locken Strandbäder, die nur 100 km vom Polarkreis entfernt sind. Das Landesinnere – die „letzte Wildnis Europas" – ist ein hervorragendes Terrain für ausgedehnte, mehrtägige Wanderungen. Im hohen Norden existieren seit Langem drei Sprachen nebeneinander: Schwedisch, die Sprache der samischen Urbevölkerung sowie das tornedalische Mienkälä.

KIRUNA

(139 D3) (*F2*) Der Hauptort (23 000 Ew.) der Landschaft Lappland ist mit rund 20 000 km² die größte schwedische und zweitgrößte Gemeinde der Welt.

Bedeutendster Wirtschaftsfaktor ist der Erzbau. Wegen der Grubenarbeiten muss die ganze Stadt in den kommenden Jahren verlegt werden – selbst das erst vor wenigen Jahren in Kiruna angesiedelte Parlament der samischen Minderheit (*www.sametinget.se*).

Kiruna eignet sich hervorragend als Ausgangspunkt für Wander- und Schlittentouren in die Umgebung. Sehenswert ist auch die seit Anfang der 1970er-Jahre in

Bild: Eishotel in Jukkasjärvi

Auf der Suche nach dem Polarlicht – der hohe Norden Schwedens bietet das ganze Jahr über ungewöhnliche Naturschauspiele

der Nähe von Kiruna beheimatete Raketenbasis Esrange *(siehe S. 113)*, keine militärische, sondern eine Forschungseinrichtung. Jährlich werden mehrere Raketen ins All geschossen, die ein paar Minuten später auf schwedischen Boden zurückkehren.

SEHENSWERTES

KIRUNA KYRKA

Für den Entwurf dieses ungewöhnlichen Gotteshauses stand ein Lappenzelt Pate. Ein Teil der Gemälde im Inneren der Holzkirche stammt von Prinz Eugen, dem 1945 gestorbenen Spross der Königsfamilie.

LKAB-ERZGRUBE ⭐

Kirunas Wohlstand kommt aus der Erde. Hier wird seit einem Vierteljahrtausend Eisenerz abgebaut. Die Grube ist schon von Weitem ein imposanter Anblick. In 540 m Tiefe liegt das Minenmuseum *(nur mit Führung | 295 SEK | Buchung über das Turistbyrå Tel. 0980 188 80).*

FREIZEIT & SPORT

Kiruna bietet viele Outdooraktivitäten. Gleiten Sie im Winter mit dem Hundeschlitten oder mit einem Schneemobil durch die Landschaft *(Hundeschlitten*

ÜBERNACHTEN

ISHOTELLET ●

In Jukkasjärvi, einige Kilometer von Kiruna entfernt, wird jeden Winter ein Hotel ganz aus Eis gebaut. Dort gibt es neben

Steppenlandschaft, Flussläufe, bizarre Felsen, Einsamkeit: der Abisko-Nationalpark

2,5 Std. 950 SEK, Schneemobil 3,5 Std. 850 SEK | auch Tagestouren | z. B. Kiruna Guidetur | Tel. 0980 8 11 10 | www. kirunaguidetur.com). Ortskundige Führer nehmen Sie mit auf Elchsafaris oder auf die Suche nach dem faszinierenden Polarlicht. Im Sommer bieten sich die vielen Flüsse für Boots- oder Kajaktouren an *(3,5 Std. 795 SEK | z. B. Guide B-O | Tel. 070 6 92 90 29 | www. guideb-o.se).* In der Weite Kirunas können Sie auch hervorragend wandern *(Karten im Turistbyrå).*

Mehrbettzimmern mit Rentierfellen auch eine exklusive Hochzeitssuite, eine Eisbar und eine Kapelle. *Ca. 15 Zi./40 Plätze (jährlich variierend) | Tel. 0980 6 68 00 | www.icehotel.com | €€€*

INSIDER TIPP JÄRNVÄGSHOTELLET

Obwohl direkt an den Bahngleisen gelegen, wohnen Sie im ältesten Haus am Platz dennoch ruhig. Das Gebäude steht unter Denkmalschutz. *21 Zi. | Bangårdsvägen 7 | Tel. 0980 8 44 44 | www. jarnvagshotellet.net | €*

AUSKUNFT

TURISTBYRÅ

Folkets Hus | Lars Janssonsgatan 17 | Tel. 0980 188 80 | www.lappland.se

ZIELE IN DER UMGEBUNG

ABISKO-NATIONALPARK ⭐

(138 C2) (ⓜ E–F2)

Mit 77 km² gehört Abisko zu den kleineren Reservaten. Weil der Park so gut erschlossen ist, ist er der beliebteste in Schweden. Die Landschaft gleicht einer eintönigen Steppe, doch gerade das macht den Reiz aus. Mehrtägige Wander- oder Skitouren sollten nur Geübte unternehmen, möglichst mit ortskundigem Führer. Ein guter Ausgangspunkt für Wanderungen ist die **INSIDER TIPP** *Jugendherberge Abisko Turiststation* (ganzjährig geöffnet | Tel. 0980 402 00 | www.abisko.nu | €) am nördlichen Rand des Parks direkt an der gleichnamigen Bahnstation. Dort finden Sie auch Langlaufloipen für mehrstündige Touren und einen Haushang zum Abfahrtslauf. Im Park gibt es mehrere Hütten *(www.svenskaturistforeningen. se)* und Möglichkeiten zu zelten. *100 km nordwestlich*

AURORA SKY STATION ❄

(138 C2) (ⓜ F2)

Hoch über dem Torneträsk unweit der Abisko Touristenstation thront der gut 1100 m hohe Nuolja (Njulla). Die Bergstation des ganzjährig betriebenen Sessellifts beherbergt die Aurora Sky Station. An kaum einem anderen zugänglichen Ort der Erde lässt sich das Polarlicht zwischen Dezember und März so gut sehen wie hier. Neben der nördlichen Lage hat dies mit dem meist sehr guten und trockenen Wetter am Torneträsk zu tun. Angeboten werden Abendexkursionen und Übernachtungen. Sachkundige Führer erklären das einzigartige Phänomen – und mittels einiger Hilfsmittel lässt sich die Leuchterscheinung sogar hören! Auch in den immer hellen Sommermonaten lohnt ein Besuch des Njulla-Bergs: dann können Sie die Mitternachtssonne bewundern. *www.auroraskystation.com. 100 km nordwestlich*

JOKKMOKK (139 D4) (ⓜ F4)

Was ursprünglich ein reiner Marktplatz der Samen war, hat sich im Laufe der Zeit zur festen Ortschaft entwickelt. Der traditionelle Markt von Jokkmokk im Februar ist eine große (Touristen-)Attraktion. Das Berg- und Samimuseum *Ájtte* erzählt die Kulturgeschichte der Samen. Infos unter *www.sapmi.com. 200 km südlich*

KEBNEKAISE ❄ (138 C2–3) (ⓜ E2)

Mit 2111 m ist die Kebnekaise Schwedens höchster Berg. Ein guter Ausgangspunkt für kleinere und größere Touren in das

---

⭐ **LKAB-Erzgrube**
540 m unter die Erde ins Grubenmuseum von Kiruna → S. 93

⭐ **Abisko-Nationalpark**
Wandern und Skifahren im beliebtesten Nationalpark von Schweden → S. 95

⭐ **Sarek-Nationalpark**
Spektakuläre Hochgebirgslandschaft → S. 96

⭐ **Piteå**
Badestrand nahe dem Polarkreis → S. 98

⭐ **Vindelälvsdalen**
Wildwasser und ein unberührtes Tal → S. 99

MARCO POLO HIGHLIGHTS

Kebnekaisegebiet ist die *Fjällstation (Tel. 0980 5 50 00 | www.stfkebnekaise.com). 80 km westlich*

RIKSGRÄNSEN (138 C2) (𝄞 E2)
Im höchstgelegenen Dorf der Gegend (606 m) beginnt die Skisaison Mitte Februar. Manche Pisten sind auch im Sommer unter der Mitternachtssonne befahrbar. Preiswert und bequem ist das *Hotel Meteorologen (14 Zi. | Riksgränsvägen 13 | Tel. 073 5 03 24 17 | www.meteorologen.se | €€). 130 km nordwestlich*

SAREK-NATIONALPARK
(138 B–C 3–4) (𝄞 E3)
Einer der beeindruckendsten Nationalparks des Landes. Er umfasst auf rund 2000 km² Hochgebirge mit etwa 100 Gletschern und tief eingeschnittenen Tälern, die von reißenden Strömen wie dem 45 km langen Rapaätno, dem wasserreichsten Fluss Schwedens, durchzogen werden. Im Park leben z. B. Elche, Bären und Luchse. Die schwer zugängliche Wildnis ist allerdings nur etwas für abenteuerlustige Wanderer. Es gibt weder Pfade noch Hütten. *250 km südwestlich*

LULEÅ

(139 E6) (𝄞 G5) **Als größter Ort (72 000 Ew.) und Verwaltungszentrum der Region Norrbotten hat Luleå kulturell einiges zu bieten.**
Im umgebauten Lager am Hafen spielt das Regionaltheater, am meisten aber gibt es vor den Toren der Stadt zu sehen – etwa das Holzdorf Gammelstaden.

SEHENSWERTES

LULEÅ SKÄRGÅRD
Direkt vor der Stadt im Meer liegen die Felsinseln *Altappen, Brandöskär* und *Kluntarna.* Sie sind das ganze Jahr über für Spaziergänge geeignet. Im Sommer können Sie dort gut baden. Im Winter sind die Inseln auf einer ungewöhnlichen Skitour übers Eis erreichbar. Auch Hüttenbuchung möglich *(über das Turistbyrå).*

NORRBOTTENS MUSEUM
Der ideale Einstieg in den spannenden und weitläufigen höchsten Norden des

SAMEN

Noch bevor europäische Einwanderer den Weg nach Norden fanden, siedelten sich aus dem Osten kommende Jäger und Fischer am Polarkreis an. Die Samen, Europas einzige noch existierende Urbevölkerung, waren rentierzüchtende Nomaden. Ab dem 17. Jh. wurden sie von den nordischen Königshäusern und später den skandinavischen Regierungen verfolgt und unterdrückt. Erst der erfolgreiche Kampf gegen Staudammprojekte in ihrem Lebensraum brachte nach 1980 die Wende. Heute verfügen die gut 90 000 über Nordskandinavien verteilten Samen (früher abschätzig Lappen genannt) über umfassende Minderheitenrechte, eigene Parlamente – die 30 000 schwedischen Samen haben ihres in Kiruna –, Medien und Hochschulen. Schwedens EU-Beitritt hat den Status der Samen weiter gestärkt; anderen Urvölkern weltweit gelten sie heute als Vorreiter in Sachen Autonomie, Entwicklung und sozialer Fortschritt.

Vor den Toren Luleås: hübsch geschmücktes Fenster im Holzdorf Gammelstaden

Landes, der lange ganz von der samischen Urbevölkerung dominiert war. Schwerpunkt bildet die Kulturgeschichte Norrbottens. Ausstellung zur Samenkultur, speziell für Kinder. *Di–Fr 10–16, Sa/So 12–16 Uhr | Eintritt frei | Storgatan 2 | www.norrbottensmuseum.nu*

ESSEN & TRINKEN

COOKS KROG
Im rustikal eingerichteten Restaurant werden vor allem Fleischgerichte wie Elch oder Ren serviert. *Tgl. | Storgatan 17 | Tel. 0920 20 10 25 | www.cookskrog.se | €€*

FISKEKYRKAN
Die Fischkirche, in der ab und zu auch Livemusik geboten wird, ist in einem alten Lagerhaus des Luleåer Südhafens untergebracht und oft sehr gut besucht. Preiswertes Lunchbuffet. *Rådstugatan 6 | Tel. 0920 175 10 | €€*

ÜBERNACHTEN

ELITE STADSHOTELLET
Komfortables Haus mit klassisch-luxuriöser Ausstattung. Im Erdgeschoss liegt das schicke Restaurant *Tallkotten* mit italienischer Küche. *158 Zi. | Storgatan 15 | Tel. 0920 27 40 00 | www.elite.se/hotell/lulea/stadshotellet | €€€*

AUSKUNFT

TURISTBYRÅ
Skeppsbrogatan 17 | Tel. 0920 45 70 00 | www.lulea.se/turism

ZIELE IN DER UMGEBUNG

ARVIDSJAUR (138 C6) (*ΩΩ F5*)
Der alte Handelsplatz der samischen Urbevölkerung ist heute das Zentrum für Autotestfahrten. Vor allem im Winter werden rund um Arvidsjaur Fahrsicher-

Gammelstaden: kleine
Hütten für Gläubige

heitstests mit neuen Modellen unternommen. Mitten im kleinen Zentrum der Stadt (7000 Ew.) liegt die aus 80 gut erhaltenen Holzhäusern bestehende „Samenstadt" aus dem 17. Jh. *Arvidsjaur Touristbüro | Östra Skolgatan 18c | Tel. 0960 175 00 | www.arvidsjaur.se. 160 km westlich*

GAMMELSTADEN (139 E6) (*₥ G5*)
Rund um die norrländische Dorfkirche entstand Anfang des 17. Jhs. eine Kirchstadt (5000 Ew.). In den vielen kleinen Holzhäusern wohnten Gemeindemitglieder, die von weither angereist kamen, um den Gottesdienst zu besuchen. Das dortige Restaurant *Margaretas Värdshus (tgl. | Tel. 0920 25 42 90 | www.margare*

tasvardshus.se | €€*) ist einer der Klassiker der Region. Spezialität ist der Norrbottenteller mit Lachs, Pastete, Rentier- und Bärenfleisch. *10 km nordwestlich*

PITEÅ ⭐ (139 E6) (*₥ G6*)
Die 1621 gegründete Stadt am Bottnischen Meerbusen (40 000 Ew.) besticht durch hübsche Holzhäuser, eine gute Infrastruktur für Gäste und wunderschöne Sandstrände. Vor allem für Nordnorweger gilt Piteå als der nächste „südliche" Badeort. Wirtschaftlich dominiert neben dem Tourismus die holzverarbeitende Industrie. *Piteå Touristbüro | Bryggargatan 14 | Tel. 0911 9 33 90 | www.pitea.se. 55 km südwestlich*

SORSELE (138 CC6) (*₥ E5*)
Der Ort inmitten großartiger Landschaften ist ein guter Ausgangspunkt für Angeltouren, Wanderungen und Wildwasserfahrten. Hier findet sich auch der originellste Kartofellacker des Landes am Ammarnäshügel, wo seit über 150 Jahren feine Mandelkartoffeln angebaut werden. Seit bald 100 Jahren machen die Züge der ● *Inlandsbahn (www.inlandsbanan.com)* in Sorsele Halt, wo sich im Bahnhof das *Museum (Stationsgatan 19 | Tel. 0952 140 90)* dieser außergewöhnlichen Bahn befindet, die auf Wunsch der Fahrgäste schon mal einen Badestopp einlegt. *www. sorsele.se. 240 km südwestlich*

UMEÅ

(137 F3) (*₥ F7*) Das Kunst- und Freilichtmuseum ist Anziehungspunkt der am Fluss Umeälv gelegenen Stadt (110 000 Ew.).
Umeå selbst ist architektonisch wenig reizvoll, attraktiv ist die Nähe zum Bottnischen Meerbusen, dem nördlichen Ausläufer der Ostsee.

SEHENSWERTES

GAMMLIA

Kunst-, Freilicht- und Kulturgeschichtsmuseum stehen mit den Ausstellungsräumen der renommierten örtlichen Kunsthochschule auf demselben Gelände. Sie geben einen umfassenden Eindruck von der Geschichte der Region. Alte Holzhäuser und moderne Kunst werden genauso gezeigt wie die Entwicklung des Skisports. *Di–Fr 10–16, Sa 12–16, So 12–17 Uhr | Freilichtmuseum: 14. Juni–22. Aug. | Eintritt frei | www.vbm.se*

ESSEN & TRINKEN

INSIDER TIPP ▶ RESTAURANG NORRLANDSOPERAN

Im Foyer der Oper serviert das freundliche Personal in edlem Ambiente preiswertes Ochsen- und Lachsfilet, auch vegetarische Gerichte. *Operaplan 5 | Tel. 090 15 43 47 | www.norrlandsoperan.se | €*

ÜBERNACHTEN

STORA HOTELLET

Im Herzen der Stadt, mit Blick auf den Fluss: Das 1894 gebaute Haus gehört heute zur Best-Western-Gruppe. Mit allem Komfort und schöner Bar. *90 Zi. | Storgatan 46 | Tel. 090 77 88 70 | www.storahotelletumea.se | €€*

AUSKUNFT

TURISTBYRÅ

Renmarkstorget 15 | Tel. 090 16 16 16 | www.visitumea.se

ZIELE IN DER UMGEBUNG

BJURHOLM *(137 E3) (ᴍ F7)*

Wer keinen Elch in freier Wildbahn entdeckt hat, kann die Tiere auf der Elchfarm in Bjurholm (1000 Ew.) besuchen. Angeboten werden auch Jagen, Angeln, Bootstouren und Golf. *Bjurholms Turist | 7. Juni–14. Aug. Di–So 12–18 Uhr | Eintritt ab 120 SEK | Tel. 0932 5 00 00 | www.algenshus.se. 60 km westlich*

VINDELÄLVSDALEN ★

(137 D1–F3) (ᴍ F7)
Das Tal um den Fluss Vindeläly ist ein Traum für Naturfans und Aktivsportler. Der Fluss zählt zu den wenigen in Norrland, die noch unbeeinflusst von menschlichen Eingriffen ihrem natürlichen Lauf folgen. Wegen der Stromschnellen eignet er sich hervorragend für Wildwasserfahrten, sein Fischreichtum macht ihn zum Eldorado für Sportfischer. Unweit des Ortes Vindeln liegt das Wintersportzentrum *Buberget. Infos (schwedisch): www.vindelalven.se. 150 km westlich*

LOW BUDGET

▶ Von der ☙ Restaurantterrasse des *Hotell Toppen* in Storuman schweift der Blick über die Weiten einer Gemeinde mit doppelt so vielen Rentieren wie Einwohnern. Das Mittagsbuffet ist reichhaltig und sehr preiswert (70 SEK) *Blå vägen 238 | Tel. 0951 7 77 00 | www.hotelltoppen.se*

▶ In Björkliden am Torneträsk nahe der norwegischen Grenze warten im schneereichen Frühling kaum befahrene Pisten und Loipen. Die äußerst günstigen Paketpreise sind inkl. Bahnanreise zu buchen; eine Woche Halbpension in *Gammelgården* z. B. kostet im Februar rund 300 Euro pro Person, für Kinder unter 12 Jahren 30 Euro *(www.bjorkliden.com).*

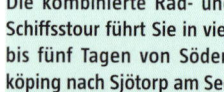

AUSFLÜGE & TOUREN

Die Touren sind im Reiseatlas, in der Faltkarte und auf dem hinteren Umschlag grün markiert

① AM GÖTAKANAL ENTLANG

Die kombinierte Rad- und Schiffsstour führt Sie in vier bis fünf Tagen von Söderköping nach Sjötorp am See Vänern. Es geht 200 km am Götakanal entlang, immer dicht an Wasser, Wald und Wiesen. Unterwegs können Sie angeln, Kanu fahren und wandern – oder in Museen etwas über die Geschichte des längsten Bauwerks Schwedens lernen.

Von Söderköping aus bringt Sie das Schiff M/S Diana binnen zwei Tagen nach Motala *(Abfahrten Mitte Juli–Mitte Aug. mehrmals wöchentlich 11.30 Uhr | unbedingt vorher buchen unter Tel. 031 80 63 15 | Preise ab 4525 SEK | www. gotacanal.se)*. Während der Fahrt über den Kanal ziehen der Treidelpfad und das von viel Grün gesäumte Ufer gemächlich vorbei. Schleuse für Schleuse erklimmt das Boot die knapp 90 Höhenmeter, die die Ostsee und den See Vättern voneinander trennen. Während das Wasser die Diana langsam anhebt, haben Sie Zeit, einen Spaziergang am Schleusenufer zu machen. Bis zum Abend fährt das Boot noch durch den **Roxensee** nördlich von Linköping und macht für die Nacht schließlich bei der Schleuse von **Berg** fest. Am nächsten Morgen werden erst mal gut 40 Höhenmeter zurückgelegt, dann geht es über den See Boren nach **Motala → S. 74**, wo Sie gegen 16 Uhr ankommen. Mit einem schnellen Motorkatamaran können Sie dann auf die andere Seite des

Bild: Ausflugsschiff auf dem Götakanal

Unberührte Seen, wilde Ostseestrände, elegante Herrenhäuser: Tauchen Sie tief ein in schwedische Kontraste

Vättern nach **Karlsborg** übersetzen *(Mitte Juni–Mitte Aug. tgl. 11, 15 und 18 Uhr | 275 SEK | Tel. 070 3 02 05 21 | www.vattern.se/batlinje_motala.php)*. Der Kapitän organisiert auch **INSIDER TIPP** Sportfischtouren in der Region.

Schauen Sie sich in Karlsborg (3700 Ew.) die gut erhaltene Festung *(Mo–Fr 10–15 Uhr, im Sommer länger, auch Sa/So | Eintritt 50 SEK)* an, deren Bau von 1819 an 90 Jahre gedauert hat. Das riesige Festungsgelände war als Stadt in der Stadt gedacht – mit Kirche, Geschäften und Wohnhäusern. Ein Stück Kanalgeschichte und gleichzeitig eine nette Unterkunft bietet das 1894 eröffnete **Kanalhotel** im Schweizer Stil *(26 Zi. | Storgatan 94 | Tel. 0505 12130 | www.kanalhotellet.se | €€)*. In der Umgebung von Karlsborg gibt es viele schöne Badestellen, einen Campingplatz sowie einen Golfplatz.

Starten Sie in Karlsborg Ihre insgesamt knapp 80 km lange Fahrradtour (Räder vermietet z. B. *Cykelaffären i Karlsborg | Strandvägen 59 | Karlsborg | Tel. 0505 10137 | www.cykelaffaren.com)*, und verlassen Sie Karlsborg in nördliche Richtung gen **Forsvik**. Dort können Sie sich die älteste Schleuse (1813) des Götakanals anschauen und im **Industriedenkmal** *(Juni–Aug. tgl. 10–18 Uhr | Eintritt 60 SEK | Tel. 010 4 41 43 65 | www.forsviksbruk.se)* sehen, wie im 15. Jh. Mehl gemahlen und Eisen geschmiedet wurde. Ein Abstecher führt zum **Vaberg** südlich der Stadt. Der Berg ist gespickt mit Verteidigungsanlagen (19. Jh.), die als Ergänzung zur Festung Karlsborg dienten. Vom ✹ Gipfel haben Sie einen schönen Blick über Festung, Stadt sowie die Seen Booten und Vättern.

Setzen Sie den Weg von Forsvik aus Richtung Nordwesten fort, und überqueren Sie den See Viken am Brosund. Weiter geht es nach **Tåtorp**, wo der Götakanal in den Viken mündet. Nach einem Bad in **Beateberg** können Sie in Tåtorp in der Jugendherberge *(April–Okt. | Tel. 0506 5 30 86 | www.tatorp.se)* mit einem wunderschönen Garten mit Café übernachten. Hier lohnt es, einen Tag mit Angeln, Kanufahren oder Wandern zu verbringen. ☺ Die Anlage hat den Titel „Öko-Lodge des Jahres" (Miljövandrarhem 2010) erhalten, weil das ganze Haus aus lokalen Holzprodukten gebaut wurde und über einen eigenen Biogarten verfügt, dessen Produkte für die Mahlzeiten verwendet werden. Danach geht es auf dem Treidelpfad am Götakanal weiter Richtung Sjötorp. Der Ort **Töreboda** eignet sich mit seinen Cafés für eine Pause. Setzen Sie dann mit der schnellsten Fährverbindung Schwedens über – es dauert keine 30 Sekunden! Folgen Sie dem Götakanal weiter gen Norden. Nach etwa 5 km wird der Kanal nochmals etwas breiter, und Sie kommen zum `INSIDER TIPP` ▶ Magasinet in **Hajstorp**, wo im Sommer Kunsthandwerk verkauft wird.

Als nächster Zwischenstopp bietet sich **Norrqvarn** an. Dort sind Teile des Götakanals in Miniatur nachgebaut. Vor Ort gibt es ein Hotel und ein Restaurant *(27 Zi. | Tel. 0501 5 07 70 | www.norrqvarn.se | €€)*. Bis **Sjötorp** sind es nun noch gut 7 km. Hier befindet sich ein weiteres Ka-

Blick vom Vaberg: Karlsborg war im 19. Jh. eine riesige Festungsanlage

nalmuseum (*Gamla Hamnmagasinet | Juni–Aug. tgl. 10–18 Uhr | Eintritt 40 SEK*). Es zeigt u. a. alte Bootsmotoren und Teile des Schiffs Valborg. In Sjötorp können Sie eines der Kanalboote besteigen und Richtung Göteborg oder Stockholm fahren.

② ZU FUSS DURCHS GÖTEBORGER HINTERLAND

Diese Wanderung führt in drei bis sechs Tagen von Tulebo bis zur Bohus-Festung bei Kungälv. Sie durchlaufen die ersten sechs Etappen (60 km) des 370 km langen Bohusleden, der von Blåvättnerna südlich von Göteborg bis hinauf in den Küstenort Strömstad führt. Sie kommen durch Wälder, vorbei an Dörfern, Herrenhäusern und kleinen Seen, in denen Sie teils baden können.

Lassen Sie die ersten Kilometer des Bohusleden aus, und starten Sie in **Tulebo** am Tulebosee. Der Ort ist von Göteborg aus mit dem Auto in einer Viertelstunde zu erreichen. Die ersten Kilometer laufen Sie durch lichte Waldstücke mit mehreren Seen. Dann geht es durch den **Gunnebopark**, der im englischen Stil angelegt wurde. Schauen Sie sich unbedingt das **Gunnebo-Schloss** (*geführte Touren Mitte Juni–Mitte Aug. tgl. 12/13/14 Uhr, Mitte Aug.–Mitte Juni nur Sa/So | Eintritt 80 SEK | www.gunneboslott.se*) an. Der prachtvolle Bau des 18. Jhs. diente einem reichen Göteborger Kaufmann als Sommersitz. Im `INSIDER TIPP` Café im Dienstbotenhaus können Sie sich stärken. Am Sommerende wird hier jedes Jahr der 😊 größte Markt Schwedens mit ausschließlich ökologischen Produkten veranstaltet (*Jordens Mat*).

Folgen Sie dem Bohusleden bis Stensjön, wo die erste Etappe zu Ende geht. Falls Sie nicht zelten möchten, ist die Stadt **Möindal** nicht weit. Preiswert übernachten können Sie z. B. im *Ibis* (67 Zi. | *Idrottsvaegen 6 | Tel. 031 67 96 30 | www.ibis-goteborg-molndal.com | €*).

Am nächsten Tag geht es weiter Richtung Norden. Bald macht der Weg einen starken Knick nach rechts und führt unter der Landstraße Nr. 40 hindurch zum See **Stora Delsjö**. Hier können Sie eine Badepause einlegen, im Café zu Mittag essen und ein Kanu mieten. Bis zum Ende der Etappe sind es keine 3 km mehr. Entweder übernachten Sie auf dem **Campingplatz Kärralund** (*Tel. 031 84 02 00*) oder Sie schließen gleich die dritte Etappe an und wandern weitere 8 km bis zum Badesee **Kåsjön**. Unterwegs haben Sie auf der Anhöhe 🌿 *Getryggen* eine vorzügliche Aussicht über Göteborg. Nächtigen können Sie in der Jugendherberge in **Åstebo** (*186 Betten | Landvettervägen 50 | Tel. 031 44 65 01 | www.partillevandrarhem.com*).

Am nächsten Morgen geht es weitere 9 km durch Wald- und Seenlandschaft bis nach **Jonsered**. Der alte Industrieort ist wegen seiner Bauten aus dem 19. Jh. bis heute sehenswert, ebenso das örtliche Gutshaus, das schon zu Beginn der fünften Etappe liegt. Hinter dem Gutshaus teilt sich der Weg. Wählen Sie die kürzere, nach links führende Strecke, wenn Sie am selben Tag noch die letzte Etappe zurücklegen wollen. Nachdem die Wege wieder zusammenführen, wandern Sie zwischen den Seen **Lilla** und **Stora Ramsjö** vorbei und gehen über eine Hängebrücke. Auf dem anschließenden 🌿 Hochplateau haben Sie erneut eine gute Aussicht über Göteborg und den Ort **Partille**. Weiter geht es durch Waldstücke am See entlang bis zur **Angereds-Kirche**, wo die letzte Etappe beginnt. Übernachten können Sie in **Angered** oder ein paar Kilometer weiter in **Gunnared**. Am letzten Tag legen Sie

16 km zurück – durch Ackerland und das Naturreservat **Vättlefjäll** mit vielen Seen. Schließlich erblicken Sie die Ruinen der Festung **Bohus** aus dem 14. Jh. In Kungälv können Sie bei einer kleinen Mahlzeit im 😊 *Schysta Eko Café (Uddevallavägen 14 | Tel. 0720 10 27 37)*, dem „gerechten und ökologischen Kaffeehaus", stärken. Hier werden auch Biolebensmittel für den Picknickkorb vekauft. Mit dem Bus geht es zurück nach Tulebo.

3 NORDSCHWEDENS OSTSEEKÜSTE

Diese Autotour führt Sie in zwei bis vier Tagen von Piteå ganz im Norden des Landes bis ins 500 km weiter südlich gelegene Sundsvall. Dabei fahren Sie stets dicht an der Küste entlang und passieren einige der interessantesten kulturhistorischen Stätten des Landes. In mehreren Leuchttürmen können Sie übernachten. Unterwegs gibt es Gelegenheit zu schwimmen, zu reiten und zu wandern.

Fahren Sie in **Piteå → S. 98** auf die E4 Richtung Süden. Nach knapp 20 km erreichen Sie die Ortschaft **Jävre**. Hier lohnt der 8 km lange Wanderweg **Arkeologstigen** einen Stopp. Entlang des Wegs liegen Grabfelder aus der Bronzezeit und die Steinkonstruktion „liegende Henne", die wohl einst eine Opferstelle war. Der Weg führt auf den Gipfel des **Högberget**, dort gibt es am Wegesrand einen ☀ **INSIDER TIPP** ▶ kleinen Grillplatz mit Blick übers Meer.

Nach 30 km kommen Sie nach **Byske**. Funde deuten darauf hin, dass dort bereits vor 6000 Jahren Menschen siedelten. Legen Sie sich an den Strand von **Byskehavsbad** oder wagen Sie den Sprung in den Bottnischen Meerbusen. Hier können Sie campen oder eine Hütte mieten *(Tel. 0912 6 12 90 |*

www.byskehavsbad.com). Bis nach **Skellefteå** sind es 30 km. Sehenswert ist die Kirche von 1795 mit ihren Holzskulpturen. Das **Museum Anna Nordlander** *(in der Stadtbibliothek | Kanalgatan 73 sowie Nygatan 56 | Mo–Do 12–16 Uhr | Eintritt frei)* zeigt Werke nordeuropäischer Künstlerinnen. Folgen Sie der E4 raus aus Skellefteå, und biegen Sie nach 17 km links auf den **Norra Kustvägen** Richtung **Bureå**, wo Sie den nächsten Halt einlegen können. Von der Kirche im nationalromantischen Stil führt ein Spazierweg zum **Klosterholmen**.

Folgen Sie nun dem Norra Kustvägen. Auf der schmalen Straße fährt kaum ein Auto. Nach 35 km kommen Sie nach **Bjuröklubb**. An der Spitze einer stillen Bucht steht der gleichnamige Leuchtturm, der heute ein Café *(Juni/Aug. tgl. 11–18, Juli tgl. 11–20 Uhr Uhr)* beherbergt. **INSIDER TIPP** ▶ In dem Leuchtturm können Sie auch übernachten *(7 Betten | Tel. 072 2 04 21 00 | www.bjuroklubb.se | €)*. Machen Sie unbedingt einen Spaziergang zum Jungfrauenhafen, dort lag bereits im 13. Jh. ein Hafen. Im Wald dahinter stehen Reste mittelalterlicher Behausungen.

Setzen Sie Ihre Fahrt Richtung Lövanger fort, fahren Sie dort wieder auf die E4. In der Kirchenstadt von **Lövanger**, die zu den am besten erhaltenen des Landes gehört, schliefen die von weither angereisten Gläubigen. Nach weiteren 90 km auf der E4 sind Sie in **Umeå → S. 98**. Über Örnsköldsvik kommen Sie in die Region **Höga Kusten → S. 85**. Hier können Sie wandern, reiten oder schwimmen.

Schauen Sie sich unbedingt den Fischerort **Bönhamn** mit der Kapelle aus dem 17. Jh. an. Der auf der Insel **Högbonden** an der Steilküste gelegene **INSIDER TIPP** ▶ Leuchtturm ist zur Jugendherberge *(Tel. 0613 2 30 05 | www.hogbonden.se | €)* umfunktioniert worden. Wieder auf der E4, überqueren Sie bald die Brücke **Höga Kusten Bron**. Halten Sie davor auf dem Parkplatz des **Hotels Höga Kusten** (28 Zi. | Tel. 0613 72 22 70 | www. hotellhoga-kusten.se | €€), um den unvergleichlichen Ausblick zu genießen. Weiter geht es nach **Härnösand**. Hier lohnt sich ein Besuch in der ersten

und Umland. In der Hochsaison legen in Härnösand Ausflugsboote ab, die in die Region Höga Kusten fahren *(Tel. 070 6 60 52 92 | www.adalen3.com; Tel. 0613 105 50 | www.hkship.se)*.

Als letzter Zwischenhalt auf dieser Tour bietet sich eine Nacht auf dem schön gelegenen **Gutshof Söråker Herrgård** *(Rigs-*

Höga Kusten: eine Bilderbuchregion an der Ostküste

umweltgerechten **Fischzuchtanlage** Schwedens *(Regnbågen Fisk | Södersundsvägen | Tel. 070 5 58 33 91 | www. rainbowfish.se)*, wo Öko-Dorsch und Pflanzen in trauter Einigkeit aufwachsen und dabei erst noch der Natur guttun. Das **Freilichtmuseum Murberg** *(Di–So 11–16 Uhr | Eintritt frei | www.murberget. se)* verschafft einen Überblick über die Kulturgeschichte Nordschwedens. Vom **Vårdkasberg** überblicken Sie Stadt

tavägen 15 | Söråker | Tel. 060 4 08 40 | www.sorakerherrgard.com | €€) an. Der ganzjährig geöffnete ehemalige Sommersitz eines früheren schwedischen Industriellen liegt verkehrsgünstig unweit des Sundsvaller Flughafens Midlanda. Die große Ruhe und das feine Essen aus der hauseigenen Küche sorgen für viel Erholung. Nun geht es weiter die E4 nach **Sundsvall** → S. 89, wo Sie Ihre Reise schließlich beenden.

SPORT & AKTIVITÄTEN

Berge, weite, unbewohnte Landschaften, Flüsse, Seen und natürlich das Meer – Schwedens Natur bietet beste Voraussetzungen für Outdoorsport. Ob Skifahren, Wandern, Reiten, Segeln, Schwimmen oder Schlittschuhlaufen: Sportfreaks haben zu jeder Jahreszeit die freie Wahl.

Die Schweden mögen ganz besonders jede Art von Sport, der auf dem Wasser – ob flüssig oder gefroren – praktiziert wird. Begeistert schippern sie im Sommer mit dem Segelboot oder dem Kanu auf den vielen Wasserwegen umher, im Winter legen sie die gleiche Strecke mit *långfärdskridskor,* speziellen Schlittschuhen, auf dem Eis zurück. Detaillierte Informationen erteilt in der Regel auch das Turistbyrå vor Ort.

ANGELN

Die vielen Flüsse und Seen sowie das Meer sind ideal für einen spannenden Angelurlaub. Besonders gute Fischgründe finden Freizeitfischer in den Flüsse *Ätran, Lagan* und *Nissan* im Süden des Landes. Wollen Sie gleich ein paar Tage angeln und entspannen, dann fahren Sie am besten in den Norden. Weit über Schweden hinaus bekannt ist das *Fischcamp Tjuonajokk (Tel. 0970 136 30 | www. tjuonajokk.se)* in Lappland. Unter der Mitternachtssonne macht das Angeln besonders viel Spaß, im Winter können Sie eisfischen.

Für die schwedischen Binnengewässer wird eine Angelkarte benötigt, die es im örtlichen Turistbyrå und Sportgeschäften

Bild: Hundeschlittenrennen in Lappland

Von A wie Angeln bis W wie Wintersport: In Schweden warten jede Menge Herausforderungen auf aktive Besucher

sowie häufig an Kiosken gibt. An der Küste und den Seen *Vättern* und *Vänern* darf auch ohne Karte geangelt werden. Selbst mitten **INSIDER TIPP** ▶ in der Stockholmer Innenstadt dürfen Sie ohne Genehmigung angeln – und das direkt vorm Haus des Regierungschefs im Strom, der nördlich des Reichstags fließt.

FAHRRADFAHREN

Die relativ flache Landschaft macht Schweden zum perfekten Ort für Rad-

fahrer, die gern gemütlich fahren und dabei viel sehen möchten. Herrlich fährt es sich auf *Gotland,* dort ist es auch nie weit zum nächsten Strand. Auf dem Festland sind die Strecken im Süden die schönsten *(z. B. Astrid-Lindgrenleden, Smålandsleden, Dalslandsleden).* Die gut ausgeschilderten Radwege führen vorbei an blühenden Feldern, felsigen und sandigen Küstenabschnitten, Seen und Flüssen. Von Skåne bis hinauf nach Lappland führt der über 2500 km lange *Sverigeleden,* entlang der Ostküste und hinaus in die Schären der *Kustlinjen*. Die Strecke ist besonders reizvoll, weil sie – mit Fähren – auch in die Stockholmer Schären führt. *Infos und Karten: Svenska Cykelsällskapet | Tel. 08 7 51 62 04 | www. svenska-cykelsallskapet.se*

GOLF

Weil es in Schweden so viel Platz gibt, ist der Golfsport relativ preiswert und längst nicht so exklusiv wie in anderen Ländern. Viele Clubs liegen herrlich am Meer oder in der Heidelandschaft, am größten ist die Auswahl im Süden.

Ganz exotisch ist Wintergolf in *Arvidsjaur* in Lappland: **INSIDER TIPP** ▶ Statt auf Gras wird hier auf Eis gespielt! *(Camp Gielas | Tel. 0960 5 56 00 | www.gielas.se)*.

Informationen zum Thema Golf erhalten Sie beim Schwedischen Golfverband: *Svenska Golfförbundet | Tel. 08 6 22 15 00 | www.golf.se*

KANU- & KAJAKFAHREN, RAFTING

Die vielen Flüsse, die miteinander verbundenen Seen und natürlich die Schären sind hervorragende Reviere für Kanu- und Kajaktouren. Wer ruhige und entspannte Fahrten mag, paddelt am besten auf den Binnengewässern im Süden (z. B. in der Seenlandschaft nördlich von *Gnesta,* um *Växjö* oder bei *Jönköping*), nachts darf am Ufer gezeltet werden. Raue Wildwassertouren sind in *Värmland* möglich. Auch durch die *Stockholmer Schären* kann gepaddelt werden. *Infos: Svenska Kanotförbund | Tel. 0155 20 90 80 | www.kanot.com | www. kanotguiden.com*

REITEN

Besonders schön sind mehrtägige Reittouren durch die unberührte Natur ent-

Perfektes Vergnügen: Radfahren in der flachen, vielfältigen Natur Schwedens

lang dem *Hallandleden* südlich von Göteborg oder im *Södermanland* südwestlich von Stockholm. Übers ganze Land verteilt gibt es Pferdehöfe, die Touren und Trips organisieren sowie Reitunterricht geben. *Infos: www.ostgotahast.se*

SEGELN

Die schönsten Segelreviere sind zweifelsohne die Schären vor Göteborg und Stockholm sowie die Gegend um die Inseln Öland und Gotland. Dort gibt es zahlreiche Segelschulen und viele Veranstalter, die Törns organisieren. *Broschüre mit Gästehäfen: Gästhamns-guiden AB | Tel. 0474 48285 | www.gasthamnsguiden.se | Kurse z. B. bei: Svenska Kryssarklubbens Seglarskola | Tel. 031 29 35 05 | www.sxk.se/seglarskolan*

WANDERN & TREKKING

Jede Landschaft hat ihren Reiz. Im Norden, z. B. im *Abisko-Nationalpark*, sind tagelange Trekkingtouren durch die unberührte, steppenartige Landschaft möglich, ohne mehr als einer Handvoll Menschen zu begegnen. Der Wanderweg entlang der *Höga Kusten (Högakustenleden)* im Osten bietet einen phantastischen Blick über die Küste am Bottnischen Meerbusen. Entspannte, kürzere Touren führen am See *Vänern (Kinnekileleden)* vorbei sowie durch *Värmland* oder *Dalarna.* Der berühmteste schwedische Wanderweg, der *Kungsleden,* geht von *Abisko* in Lappland bis hinunter nach *Dalarna.* Die meisten Wanderwege sind gut ausgeschildert, detaillierte Wanderkarten gibt es in Sportgeschäften oder beim örtlichen Turistbyrå. Dank Jedermannsrecht können Sie meist problemlos zelten, oft gibt es auch Hütten. *Infos: Svenska Turistföreningen | Tel. 08 463 21 00 | www.svenskaturistforeningen.se*

WINTERSPORT

Schöne Langlauftouren mitten durch die Natur sind in ganz Schweden möglich: Gleiten Sie in Stockholm über die Insel *Djurgården* und die zugefrorene Ostsee, unternehmen Sie mehrtägige Touren in *Lappland,* z. B. mit logistischer Unterstützung des *Camp Ripan (Tel. 0980 63000 | www.campripan.se)* in Kiruna oder *Dundret (Tel. 070 148 27 | www.dundret.se)* in Gällivare. Die meisten Abfahrtshänge sind eher bescheiden, deshalb aber für Anfänger und kleine Kinder wunderbar geeignet. Wer es anspruchsvoller mag, fährt in die Gegend um *Åre* und *Idrefjället* oder zur *Offpisttour* nach *Björkliden.* In *Riksgränsen* kann bis Ende Juni sogar unter der Mitternachtssonne gefahren werden. Die besten Skigebiete des Landes befinden sich in *Vemdalen (Tel. 0730 44 81 00 | www.vemdalen.se)* in der Provinz Härjedalen und in der WM-Destination *Åre (Tel. 0647 177 20 | www.are.se).* Schwedischer Nationalsport ist das Gleiten über die zugefrorene Ostsee oder einen der vielen Kanäle mit den *långfärds-kridskor,* Schlittschuhen mit besonders langen Kufen. Diese Fortbewegungsart sollte nur mit Sicherheitsausrüstung und ortskundigem Führer unternommen werden. *Infos: Svenska Turistföreningen | Tel. 08 463 21 00 | www.stf.nu*

Immer beliebter und attraktiver werden Hundeschlittentouren durch die winterlichen Weiten von Nordschweden. Kürzere oder längere Touren haben beispielsweise der deutsche Veranstalter *Ice Adventure (Uhlandstr. 27 | Berlin | Tel. 030 54 710 8 40 | www.ice-adventure.net)* oder *Visit Idre (Tel. 0771 99 88 00 | www.visit idre.se)* in Nordwestdalarna im Angebot. Auch Schneeschuhwanderungen sind möglich, etwa in Värmland *(Erlebnis Profis | Ekshärad | Tel. 0563 44166 | www.erlebnis-profis.de).*

MIT KINDERN UNTERWEGS

Schweden ist ein sehr familienfreundliches Land. Staat und Gesellschaft unterstützen Paare mit Kinderwunsch ganz besonders. Beide Elternteile können sich zur Erziehung bezahlten Urlaub nehmen, staatliche Kindergartenplätze gibt es für alle Kinder.

Familien, die in Schweden Urlaub machen, spüren das kinderfreundliche Klima: In Restaurants gibt es Hochstühle und preiswertere Kinderportionen. In vielen Hotels schlafen Kinder im Elternzimmer gratis. Auf dem Bahnticket von Vater oder Mutter fahren jeweils zwei Kinder bis 15 Jahre kostenlos mit, dazu gibt es Familienangebote auch für ältere Kinder (bis 19 J.). Museen haben **INSIDER TIPP** oft einen Raum, in dem Kinder eigene Kunstwerke produzieren können.

STOCKHOLM

GRÖNA LUND ● (U F5–6) (⌖ f5–6)
Traditionsreicher Vergnügungspark auf der Insel Djurgården mit Attraktionen wie Achterbahn und Kettenkarussell. Café und Restaurant. *Mai–Sept. Mo–Sa 10–22, So 10–20 Uhr | Eintritt 95 SEK (an Konzertabenden 18–20.30 Uhr 190 SEK) | Lilla Allmänna Gränd 9 | Tel. 08 58 75 01 00 | www.gronalund.se*

JUNIBACKEN ● (U E4) (⌖ e4)
Im Kindermuseum Junibacken tauchen die Kleinen in die Welt der Astrid Lindgren ein. Treffen Sie Pippi Langstrumpf in der Villa Kunterbunt, und besuchen Sie **INSIDER TIPP** Schwedens größte Kinderbuchhandlung. Mit Bistro. *Juni/Aug. tgl.*

Gern gesehene Gäste: In Astrid Lindgrens Heimatland sind Reisen mit Kindern ein ausgesprochenes Vergnügen

10–17, Juli tgl. 10–18, Sept.–Mai Di–So 10–17 Uhr | Erw. 145, Kinder bis 15 Jahre 125 SEK | Galärvarvsvägen | Djurgården | Tel. 08 58 72 30 00 | www.junibacken.se

DER SÜDEN

ASTRID LINDGRENS VÄRLD
(133 D2) *(M D15)*

In Vimmerby, dem Heimatort der Schriftstellerin, ist für Kinder die ganze Welt der Lindgren-Geschichten nachgebaut worden. Auf dem riesigen Areal stehen Pippis Villa Kunterbunt, Michels Hof von Kattult und das Dorf Bullerbü. Außerdem Theateraufführungen. Mit Café und Restaurant. *Mai tgl. 10–17 Uhr | Erw. 235 SEK, Kinder bis 12 Jahre 175 SEK | Juni–Aug. tgl. 10–18 Uhr, Eintritt dann 355 (Erw.) bzw. 245 SEK (Kinder) | Vimmerby | Tel. 0492 7 98 00 | www.alv.se*

KREATIVUM **(132 C4)** *(M C17)*

In dem Entdeckerzentrum in Karlshamn lernen Kinder spielend naturwissenschaftliche Phänomene kennen. Der

Geruchssinn wird beim Ratespiel auf die Probe gestellt, Zauberspiegel führen den Sehsinn in die Irre. Kinder können einen Animationsfilm produzieren, ein Boot bauen und Papier herstellen. Spannende naturwissenschaftliche Filme zeigt das 3D-Kino. Bringen Sie Ihr eigenes Picknick mit oder suchen sich etwas im Café aus. *Schulferien tgl. 10–17, sonst Fr–So 11–16 Uhr | Erw. 145 SEK, Kinder 110 SEK | Strömmavägen 28 | Karlshamn | Tel. 0454 30 33 60 | www.kreativum.se*

WESTKÜSTE

HALMSTAD ÄVENTYRSLAND
(132 B3) (*ℳ B17*)

Gleich sechs Themenparks gibt es im Abenteuerland vor den Toren Halmstads. Im Miniland stehen die berühmtesten Schlösser Schwedens im Maßstab 1:25 nachgebaut, Dinosaurier in Originalgröße gibt es im Dinoland, außerdem können Sie eine Kirmes, ein Märchen- und ein Piratenland besuchen. Mit Restaurant. *Juni–Aug. tgl. 10–19 Uhr | Eintritt 190 SEK, Kinder unter 90 cm frei | Gamla Tylösandsvägen 1 | Tel. 035 10 84 60 | www.aventyrslandet.se*

UNIVERSEUM (132 A2) (*ℳ B15*)

Wissenschaftsmuseum und Erlebniszentrum in Göteborg. Mit Tropenlandschaften und Aquarium. *Mitte Juni–Mitte Aug. tgl. 9–21, Mitte Aug.–Mitte Juni tgl. 10–18 Uhr | Erw. 160 SEK, Kinder 3–16 Jahre 99 SEK | Södra vägen 50 | Tel. 031 3 35 64 50 | www.universeum.se*

MITTELSCHWEDEN

VILDMARK I VÄRMLAND
(134 B3) (*ℳ B12*)

Bauen Sie mit Ihren Kindern unter Anleitung ein Floß und schippern Sie den Klarälv hinunter. Die Experten von

Schloss Gripsholm en miniature im Halmstad Äventyrsland

Vildmark i Värmland zeigen Ihnen, wie es geht, und begleiten Sie auf ein- bis siebentägigen Touren. Im Angebot auch Kanu- und Klettertouren. *Aktivitäten: Erw. ab 520 SEK, Kinder bis 14 Jahre 260 SEK | Torsby | Tel. 0560 140 40 | www.vildmark.se*

BARNENS Ö (134 C5) (*D13*)

Auf der Kinderinsel in Örebro gibt es alles im Miniformat. Die Kinder fahren mit dem Liliputzug oder kleinen Elektroautos in den Tierpark oder zum Spielplatz. *Mai–Aug tgl. 10–18 Uhr | Eintritt frei | Örebrö | Tel. 019 14 96 10 | www.storaholmen.se*

MITTLERER NORDEN

ÄVENTYRET SOMMARLAND
(134 C2) (*D11*)

Schwimmbäder mit Rutschbahn, Hüpf- und Kletterburgen, Motorgokarts sowie Tret- und Elektroboote begeistern Groß und Klein. *Juni/Aug. tgl. 10–17, Juli tgl. 10–18 Uhr | Eintritt 290 SEK, Kinder unter 1 m frei | Leksand am Siljan-See | Tel. 0247 139 39 | www.sommarland.nu*

FURUVIK (135 E3) (*E12*)

Ein Paradies für Kinder und Erwachsene an der Ostsee mit Tierpark, Rummelplatz und einem umfassenden Kulturangebot. Neben rasanten Fahrgeschäften gibt es auch einen Kinderzirkus und einen Swimmingpool. Am Eingang des Parks sind alte DB-Schlafwagen aufgestellt, in denen Besucher übernachten können. *Mai–Aug. 10–18 Uhr | Eintritt Erw. 195 SEK, Kinder bis 12 Jahre 165 SEK | www.furuvik.se | 20 km südlich von Gävle mit eigenem Bahnhof*

VERKET (135 D3) (*D12*)

Für Technikinteressierte und Abenteuerlustige: Entdecken Sie, wie es früher in einem schwedischen Erzwerk zuging. *Juni–Aug. tgl. 11–18 Uhr | Erw. 80 SEK, Kinder 13–17 Jahre 35 SEK, unter 13 Jahre gratis | Koppardalen i Avesta | Avesta | Tel. 0226 64 51 77 | www.verket.se*

NORDEN

ESRANGE-RAKETENBASIS
(139 D3) (*G2*)

Europas Weltraumbahnhof 50 km vor der Erzmetropole Kiruna ist ein spannender Ort für Jung und Alt. Kinder kommen hier am Tor zum Weltall mit speziellen Führungen, Ausstellungen und einem Raketenshop besonders auf ihre Kosten. In Zukunft sollen in Esrange auch Schwerelosigkeitsausflüge einer britischen Firma starten. *Tgl. 2-stündige Touren um 13 und 17 Uhr ab Kiruna | Erw. 595 SEK, Kinder bis 12 Jahre 298 SEK | Tel. 0980 6 68 00 | www.sscspace.com*

LILLEPUTTLANDET (137 F2) (*G6*)

Abenteuerpark mit mehr als 30 Angeboten von Gold waschen über Schatzsuche bis hin zu Cowboy spielen. *Ende Juni–Anfang Aug. Sa–Do 11–17 Uhr | Eintritt 80 SEK | Stämningsgården | 5 km vor Skellefteå an der Straße 95 | Tel. 0910 5 63 33 | www.lilleputtlandet.se*

LYCKSELE DJURPARK (137 E2) (*F7*)

In Schwedens nördlichstem Tierpark leben vor allem die Tiere, die es dort auch in freier Wildbahn gibt: Braunbären, Luchse, Elche, Polarfüchse und Rentiere. Außerdem gehört ein Park mit Kletterturm, Karussell und Elektrobooten dazu. Restaurant. *Ende Mai–Ende Aug. tgl. 10–16 Uhr, Ende Aug.–Mitte Sept. 11–16 Uhr | Erw. Ende Mai–Ende Aug. 140 SEK, Ende Aug.–Mitte Sept. 100 SEK; Kinder 4–17 Jahre Ende Mai–Ende Aug. 100 SEK, Ende Aug.–Mitte Sept. 75 SEK | Brännbergsvägen | Lycksele | Tel. 0950 163 63 | www.lyckseledjurpark.com*

EVENTS, FESTE & MEHR

Schwedische Feste werden meist auf traditionelle Weise begangen – es wird gegessen, getrunken, gesungen und getanzt. Während an ▶ *midsommar* zu Trinkliedern Schnaps in Strömen fließt und um die Mittsommerstange herumgetanzt wird, stimmen die Schweden an ▶ *Lucia* Weihnachtslieder an und trinken ▶ *julöl,* süßliches Weihnachtsbier. Die meisten Feste finden im Sommer statt, wenn es fast rund um die Uhr hell ist.

OFFIZIELLE FEIERTAGE

1. Jan. Nyårsdagen (Neujahrstag); **6. Jan.** Heilige Drei Könige; **Påsk** Karfreitag und Ostermontag; **1. Mai** Majdagen; **Kristi himmelsfärd** (Christi Himmelfahrt); **6. Juni** Nationalfeiertag; **Freitag nach dem 21.6.** Midsommarafton; **Samstag nach dem 21.6.** Midsommardagen; **Alla helgons dag** (Allerheiligen); **25. Dez.** Juldagen (Weihnachten); **26. Dez.** Annandag jul (Stefanstag); **31. Dez.** Nyårsafton

LOKALE FESTE

JANUAR/FEBRUAR

▶ *Kiruna Snöfestival:* In Lappland werden Ende Januar die besten Schnee- und Eisskulpturen prämiert. Außerdem Rentierrennen. *www.snofestivalen.se*

▶ *Göteborg Filmfestival:* Beim ältesten und größten Filmfestival Nordeuropas tummeln sich eine Woche lang Filmfans, Regisseure und Schauspieler. *giff.se*

▶ *Jokkmokk Marknad:* 1605 schlugen die Samen erstmals ihr Winterlager in Jokkmokk auf und handelten dort. Noch heute wird dort Ende Februar samisches Kunsthandwerk angeboten. *www.jokkmokksmarknad.se*

MÄRZ

▶ *Vasaloppet:* Das Skilanglaufrennen zwischen Sälen und Mora wird in der ersten Märzwoche von Festen und Konzerten begleitet. *www.vasaloppet.se*

30. APRIL/1. MAI

▶ *Valborg:* Mit riesigen Lagerfeuern an der Küste und Picknick im Park feiern viele Schweden die Ankunft des Frühlings. Danach geht es zur traditionellen Maikundgebung.

JUNI

▶ ⭐ *Midsommar:* Höhepunkt des Jahres. Am Freitag nach der Sommersonnenwende (21. Juni) ziehen die Schweden aufs Land, um den längsten Tag zu

Träume aus Eis, Trachtentänze und Teller voller Flusskrebse: Die Schweden feiern das ganze Jahr über, vor allem aber im Sommer

feiern. In Trachten gekleidet, tanzt man um die Mittsommerstange *majstång* herum.

▶ **INSIDER TIPP** *Peace & Love:* Junges Rock- und Popfestival mit gesellschafts-politischem Anstrich in Schwedens neuer Musikhauptstadt Borlänge

▶ *Allsång:* Einst traf sich das ganze Dorf zum gemeinsamen Singen. Im Stock-holmer Freilichtmuseum Skansen wird die Tradition jedes Jahr auf einer Bühne zelebriert. Andernorts findet der *allsång* in kleinerer Form statt. *Ende Juni bis Anfang August*

JULI

▶ *Stockholm Jazzfestival:* Auf der Insel Skeppsholmen mitten in der Hauptstadt treten lauter bekannte Musiker auf, dabei wird außer Jazz auch Soul und Pop gespielt. *www.stockholmjazz.com*

▶ *Kultur i Tiomilaskogen:* In den Wäldern zwischen Värmland und Dalarna findet Ende Juli das vielleicht außergewöhnlichste Festival des Landes statt. Viele kleine Hütten und Seestrände werden zur Bühne für Gesang, Theater, Musik und Kurioses. *www.kulturitiomilaskogen.se*

AUGUST

▶ *Medeltid:* In der ersten Augusthälfte lassen viele Orte das Mittelalter wieder aufleben. Empfehlenswert: die Festivals in Visby (Gotland) und in Arboga.

▶ *Kräftskiva:* Den gesamten August über laden Familien und Firmen zum traditionellen Flusskrebseessen *kräftskiva* inklusive Liedern und Schnaps ein.

DEZEMBER

▶ *Lucia:* Mit vielen Kerzen auf dem Kopf bringt Santa Lucia Licht ins Dunkel. Weil man früher annahm, die Wintersonnenwende sei am 13. Dezember, findet das Fest alljährlich an diesem Tag statt. Dann zieht ein Mädchen, gefolgt von einem Chor, durch Schulen, Universitäten und die Innenstädte. Die Wahl zur Lucia gleicht mancherorts einer Misswahl.

ICH WAR SCHON DA!

Drei User aus der MARCO POLO Community verraten ihre Lieblingsplätze und ihre schönsten Erlebnisse

DAS WILDE KÄRKEVAGGE

Der Abisko-Nationalpark ermöglicht Besuchern von der *Abisko Turiststation* einen gut ausgeschilderten Spaziergang, der in 1–2 Stunden zu bewältigen ist. Von hier aus kann man aber auch auf den berühmten Fernwanderweg *Kungsleden* (Königspfad) überwechseln und sich dort der Herausforderung der weltweit schönsten Wanderwege stellen. Mein Wandertipp führt durch das *Kärkevagge* (Tal der Steine). Dieses Tal ist noch nicht von Wanderern überlaufen und weitestgehend frei von menschlichen Eingriffen. Am Ende des Tals kann man sich die Füße im sauberen See Trolljsön kühlen. **poeseline aus Berlin**

MONTE CARLO

In unserem Ferienort Vimmerby besuchten wir häufig das Restaurant *Monte Carlo (Falkängsgatan 1)*, die größte Pizzeria der Stadt, direkt im Zentrum. Besonders die Pasta hat es mir angetan, einfach lecker! Für heiße Tage gibt es auch eine überdachte Sommerterrasse. Parkplätze sind ebenfalls ausreichend vorhanden. **Reisefan aus Rodalben**

UNBERÜHRTE NATUR

In der Umgebung meiner Unterkunft *Skogshotells* in Koskullskulle *(Skyttegatan 40 | www.skogshotell.com)* waren Angeln, Rentierwanderungen, Kanutouren und Hundeschlittenfahrten möglich. Die wunderschöne Natur Lapplands lässt sich auf einer Bahnfahrt von Gällivare nach Narvik entdecken. **Nina1987 aus Neuhof**

Haben auch Sie etwas Besonderes erlebt oder einen Lieblingsplatz gefunden, den nicht jeder kennt? Gehen Sie einfach auf www.marcopolo.de/mein-tipp

LINKS, BLOGS, APPS & MORE

LINKS

▶ www.marcopolo.de/schweden Alles auf einen Blick zu Ihrem Reiseziel: Interaktive Karten inklusive Planungsfunktion, Impressionen aus der Community, aktuelle News und Angebote ...

▶ www.schwedentipps.se bietet eine breite Palette von Hinweisen, Geheimtipps, Informationen und Unterhaltung zu, von, über und mit Schweden – und das alles in deutscher Sprache

▶ short.travel/swe1 Wer einen längeren Aufenthalt in Schweden plant, der sollte sich unbedingt die 20 höchst wissenswerten Dinge, die hier beschrieben werden, zu Gemüte führen, bevor er sich auf den Weg in den hohen Norden macht

▶ www.upplevmer.se Schweden von oben lässt sich am besten per Dachspaziergang entdecken. Diese besondere Form von Ausflügen, die in der Hauptstadt und weiteren Orten angeboten werden, zeigt die Website

BLOGS & FOREN

▶ www.virtualsweden.se Der Fotoblog des Fotografen und Webentwicklers Jonas Carlson Almqvist nimmt uns mit auf interaktive Erkundungstouren durch Schlösser, Fabriken und Bergwerke

▶ www.blog-schweden.de Der klassische deutschsprachige Schwedenblog, für „Fans, die zuhause geblieben sind", wie es heißt. Ob Lappland, Sprache oder Jazzszene, zu jedem Thema bloggt eine ganz Schar von Kennern

▶ www.stadtwanderer.net Der berühmteste Blogger der Schweiz hält sich jeden Sommer im Norden auf

▶ www.short.travel/swe6 Eine Auswanderin erzählt. Plastisch, konkret und mehrsprachig. Zitat: „Elche, Nordlichter und Mitternachtssonne – so ungefähr sah mein Schwedenbild aus, bevor ich mich in einen Schweden verliebte ... und einsehen musste: Die Wirklichkeit ist viel, viel schöner"

Egal, ob Sie sich auf Ihre Reise vorbereiten oder vor Ort sind:
Mit diesen Adressen finden Sie noch mehr Informationen,
Videos und Netzwerke, die Ihren Urlaub bereichern.
Da manche Adressen extrem lang sind, führt Sie der kürzere
short.travel-Code direkt auf die beschriebenen Websites

VIDEOS

▶ short.travel/swe2 Schönes Video zu einem Urlaub in Göteborg, mit flotter Musik unterlegt und stimmungsvollen Impressionen

▶ short.travel/swe3 Nirgendwo im nördlichen Europa sind so viele der unter 25-Jährigen ohne Job wie in Schweden. Der Kurzfilm der Deutschen Welle erklärt weshalb

▶ short.travel/swe4 Schweden für Einsteiger zeigt schön auf, was dieses Land ausmacht. Vom Fernsehsender Arte

▶ short.travel/swe7 Auftritt der schwedischen Sängerin Loreen beim Euro Vision Song Contest in Kiev 2012. Damit holte sie das Musikereignis für 2013 nach Malmö

APPS

▶ Die MARCO POLO CityGuide-App Stockholm auf Ihrem Smartphone leitet auch ohne Internet-Verbindung, Printführer und Stadtplan zuverlässig durch den Groß-stadtdschungel. Sortiert nach den bewährten Kategorien Sehenswertes, Essen & Trinken, Übernachten, Am Abend und mehr

▶ Your Sweden App für urbane Landfans, die auf ihrer Reise durch das nordische Land darüber informiert werden möchten, in welcher Scheune gerade eine lokale Indieband auftritt oder welche Mikrobrauerei Frischgezapftes anbietet

▶ Radio Schweden Der deutsprachige Dienst des öffentlich-rechtlichen Rundfunks lässt sich am mobilsten per SR-App (App von Sveriges Radio) zu Gemüte führen

NETWORK

▶ www.facebook.com/schwedisch Kurz und bündig „Schwedisch" nennt sich die Community der deutsprachigen Schwedenkenner, -liebhaber, -fans etc. auf Facebook

▶ www.elchburger.de Portal von Skandinavienfans, die sich mit allen Facetten des modernen Lebens und mit Reisen in den nordischen Ländern befassen

▶ short.travel/swe5 Neuankömmlingen mögen der kompliziert anmutende schwedische Sozialstaat und die ungewohnten Umgangsformen einiges Kopf-zerbrechen machen. Die Community schafft Abhilfe

PRAKTISCHE HINWEISE

ANREISE

🚗🚢 Aus Deutschland gibt es mehrere Verbindungen mit der Autofähre nach Schweden (alle Telefonnummern in Deutschland). Von Travemünde aus geht es sowohl nach Malmö *(Nordö Link | 9 Std. Tel. 04502 8 05 20 | www.nordoe-link.se)* als auch nach Trelleborg *(TT Line | 7 Std. Tel. 04502 8 01 81 | www.ttline.de).* TT sowie Scandlines und Stena Line bedienen auch die Strecke Rostock–Trelleborg *(5,5 Std. Scandlines | Tel. 01805 11 66 88 | www.scandlines.de* | Stena: *www.stenaline.de).* Stena verbindet außerdem Kiel mit Göteborg *(14,5 Std.).* Scandlines fährt auch Sassnitz–Trelleborg *(4 Std.)* sowie von Puttgarden ins dänische *Rødby (45 Min.),* von dort aus weiter über Kopenhagen und die Öresundbrücke. Die Überfahrt *(36 EUR/Pkw)* kann online *(www.oeresund-bruecke.de)* gebucht werden.

🚆 Schweden ist per Bahn über Hamburg–Kopenhagen/Öresundbrücke bzw. Berlin–Stralsund/Eisenbahnfähre erreichbar. Innerhalb Schwedens verbinden Hochgeschwindigkeitszüge die größeren Ortschaften, zudem gibt es viele regionale Bahngesellschaften. Günstig sind Bahnpässe wie die *Interrailkarte* für Nordeuropa oder DB-Spezialtickets nach Malmö oder Göteborg ab 39 Euro. Innerhalb Schwedens bieten verschiedene Regionalgesellschaften im Sommer Pässe zu günstigen Konditionen an *(z. B. www.sommarkortet.nu).* Da der Eisenbahnverkehr in Schweden seit 2012 liberalisiert ist, gibt es attraktive Neuangebote, etwa die direkte Zugverbindung zwischen Dalarna und der Westküste *(www.tagakeriet.se)* oder den Luxus-Gourmet-Zug *Blå Tåget* mit Pianobar, der täglich Göteborg mit Stockholm und Uppsala verbindet *(www.blataget.se).* Alle Verbindungen sind auf *www.resplus.se* nachzulesen.

✈️ Flüge nach Schweden sind z. T. sehr preiswert. Tickets gibt es ab 20 Euro, meist muss mit 100 Euro gerechnet werden. Ryanair steuert von Frankfurt/Hahn und Karlsruhe/Baden Stockholm an und fliegt von Frankfurt/Hahn nach Göteborg. Germanwings fliegt von Köln und Berlin nach Stockholm, Germania von München nach Stockholm. SAS und Lufthansa bieten die meisten Flüge an. Aus der Schweiz fliegt außer Swiss und SAS auch Ryanair (ab Basel) Stockholm direkt an. Österreicher erreichen den Flughafen Arlanda mit Direktflügen ab Wien (Austrian).

GRÜN & FAIR REISEN

Auf Reisen können auch Sie mit einfachen Mitteln viel bewirken. Behalten Sie nicht nur die CO_2-Bilanz für Hin- und Rückflug im Hinterkopf *(www.atmosfair.de),* sondern achten und schützen Sie auch nachhaltig Natur und Kultur im Reiseland *(www.gate-tourismus.de; www.zukunftreisen.de; www.ecotrans.de).* Gerade als Tourist ist es wichtig, auf Aspekte zu achten wie Naturschutz *(www.nabu.de; www.wwf.de),* regionale Produkte, Fahrradfahren (statt Autofahren), Wassersparen und vieles mehr. Wenn Sie mehr über ökologischen Tourismus erfahren wollen: europaweit *www.oete.de;* weltweit *www.germanwatch.org*

Von Anreise bis Zoll

Urlaub von Anfang bis Ende: die wichtigsten Adressen und Informationen für Ihre Schwedenreise

AUSKUNFT

TOURISTENINFORMATION
VISITSWEDEN

Stortorget 2–4 | 83130 Östersund | Tel. 069 22 22 34 96 (aus Deutschland) | Tel. 0192 8 67 02 (aus Österreich) | Tel. 044 5 80 62 94 (aus der Schweiz) | www. visitsweden.com
Alle bekannteren schwedischen Tourismusseiten im Internet, die sich an Reisende aus dem Ausland richten, publizieren ihre Angebote auch in deutscher Sprache. Gute Ausgangspunkte sind *www.visitsweden.com, www.stockholm town.com* oder *www.visit-smaland.com*. Wer eine Unterkunft sucht, wird unter *www.svenskastugor.eu, www.elchlust.de, www.hotellweb.se, www.boiskane.se* oder *www.nordiccamping.de* fündig. Bei der Planung von Routen und Verbindungen von und nach Schweden hilft *www.ferrycenter.se* weiter; beste Anlaufstelle für Reisen innerhalb Schwedens ist die Seite von Bahnen, Bussen und Binnenschifffahrt (auch deutsch) *www. resplus.se*. Inlandflüge gibt es auf *www. sas.se, www.skyways.se* und *www.nor wegian.com*.

AUTO

In Schweden muss rund um die Uhr mit Licht gefahren werden. Das Tempolimit in Ortschaften beträgt 50 km/h, außerhalb zwischen 70 und 110 km/h. Die Promillegrenze liegt bei 0,2. Strafen bei Verstößen gegen die Straßenverkehrsordnung sind oft drastischer als in Deutschland. Parkplätze sind in den großen Städten rar und teuer, dafür ist der öffentliche Nahverkehr gut ausgebaut.

Autofahrer müssen in der Stockholmer Innenstadt eine so genannte Staugebühr entrichten (max. 60 SEK/Tag). Fahrzeuge mit Auslandskennzeichen zahlen keine City-Maut.

BIBLIOTHEKEN

Schwedische ● öffentliche Bibliotheken haben mit verstaubten Büchereien kaum etwas zu tun. Oft in zentraler Lage bieten

WAS KOSTET WIE VIEL?

Kaffee	ca. 1,60 Euro *für eine Tasse Kaffee*
Bier	ca. 4 Euro *für 0,4 Liter*
Fahrrad	25 Euro *für 1 Tag in Stockholm*
Disko	ca. 10 Euro *für den Eintritt*
Benzin	1,40 Euro *für einen Liter Normal*
Eis	3 Euro *für drei Kugeln in der Waffel*

sie neben den üblichen Dienstleistungen des Buchverleihs auch Leseräume, drahtlose Internetzugänge, Räume für Kulturveranstaltungen und vor allem freundliches und gut ausgebildetes Personal, das wissensbegierigen Gästen gern Auskunft gibt. Gerade für ausländische Gäste sind die schwedischen Bibliotheken, die es in jedem Gemeindezentrum gibt, ein guter Anlaufpunkt, da hier auch deutschsprachige Literatur, Zeitschriften und Zeitungen zu haben sind. *biblioteket.se*

DIPLOMATISCHE VERTRETUNGEN

DEUTSCHE BOTSCHAFT

Skarpögatan 9 | Stockholm | Tel. 08 6 70 15 00 | www.stockholm.diplo.de

ÖSTERREICHISCHE BOTSCHAFT

Kommendörsgatan 35/V | Stockholm | Tel. 08 6 65 17 70 | www.bmeia.gv.at/ stockholm

SCHWEIZERISCHE BOTSCHAFT

Valhallavägen 64 | Stockholm | Tel. 08 6 76 79 00 | www.eda.admin.ch/stock holm

EINREISE

Für die Einreise reicht für Bürger aus EU-Staaten und der Schweiz der Personalausweis.

GELD & KREDITKARTEN

Schweden ist zwar Mitglied der Europäischen Union, die Landeswährung ist aber weiterhin die Schwedische Krone (SEK). Viele Geschäfte und Hotels akzeptieren auch Euros, allerdings meist zu einem schlechten Wechselkurs. Fast überall kann mit der Kreditkarte bezahlt werden. Die EC-Karte hingegen wird nie, American Express nur selten als Zahlungsmittel akzeptiert. Geldautomaten, an denen Sie mir Irer EC-Karte abheben können, gibt es an jeder Ecke. Die Banken haben meist von 9.30 bis 15 Uhr geöffnet.

GESUNDHEIT

Versicherte werden in Schweden gegen Vorlage der europäischen Versichertenkarte behandelt. Allerdings sind die Wartezeiten oft extrem lang. Vor der Anreise empfiehlt sich eine Impfung gegen Frühsommer-Meningoencephalitis (FSME), die durch Zecken übertragen wird. Leitungswasser ist in der Regel bedenkenlos trinkbar.

INTERNET

Wer mit WLAN-fähigem Mobilgerät in Schweden unterwegs ist, kann sich am Zeitungskiosk *(pressbyrå)* einen Internet-Surfstick bzw. das Surfpaket des Betreibers Comviq kaufen (es entstehen keine Monatskosten). Die mobile Kommunikation erreicht heute selbst die abgelegensten Winkel des Landes: Darauf hat sich der Anbieter Net1 *(www.net1.se)* spezialisiert, der das 1980 eingeweihte NMT-Netz modernisiert hat.

WÄHRUNGSRECHNER

€	SEK	SEK	€
1	8,63	10	1,16
2	17,27	20	2,32
3	25,90	25	2,89
4	34,54	30	3,47
5	43,17	40	4,63
7	60,44	50	5,79
8	69,07	70	8,10
9	77,70	80	9,26
10	86,34	90	10,42

KLIMA & REISEZEIT

Ein dicker Pullover gehört ins Gepäck. An den Küsten herrscht mildes Klima, mit nicht zu heißen Somern und gemäßigten Wintern. Heiße Sommer und kalte Winter gibt es im Landesinnern. Doch auch in Stockholm fällt das Thermometer manchmal unter minus 10 Grad, und die Sonne lässt sich kaum blicken. Im Sommer scheint sie dafür umso länger: Im Juni ist es fast rund um die Uhr hell.

MASSE & GEWICHTE

Wegstrecken werden in Schweden oft in schwedischen Meilen *(mil)* angegeben. Eine schwedische Meile entspricht 10 km. Bei Rezepten steht als Maßangabe häufig Deziliter statt Gramm.

MEDIEN

Die Tageszeitungen informieren über Theatervorstellungen, Konzerte und andere Veranstaltungen, Termine zu Stockholm gibt es unter *www.dn.se/pastan.* In vielen Städten wird die kostenlose Zeitung *Nöjesguiden* mit Hinweisen zu Cafés, Restaurants und Unterkünften angeboten. Speziell für Nordeuropafreunde gibt es in Deutschland, Österreich und der Schweiz das Magazin *Nordis (www. nordis.de)* zu kaufen.

MIETWAGEN

Mietwagen sind in Schweden relativ teuer. Wer wenig fährt, kann allerdings schon ab rund 30 Euro (280 SEK) für einen Tag einen kleinen Wagen mieten. Im Sommer gibt es oft Sonderangebote. Ein sehr dichtes Filialnetz und günstige Preise bietet *Hertz (Tel. (*) 0900 2 00 20 21 | www.hertz.com)*.

NOTRUF

Nationale Notrufnummer ist in Schweden die 112.

ÖFFENTLICHE VERKEHRSMITTEL

Der öffentliche Verkehr ist recht gut ausgebaut und wird meist von privaten Firmen im Auftrag der Provinzen und Gemeinden betrieben. Da v. a. im nördlichen Teil des Lands täglich und vor allem an den Wochenenden nur wenige Verbindungen angeboten werden, ist dort eine sorgfältige Planung nötig. Auf der Website *www.resplus.se* finden Sie alle Verbindungen in Schweden. In den größeren Städten ist der Kauf einer Mehrfahrtenkarte bzw. eines Tages- oder Mehrtagespasses ein Muss, kostet doch sonst z. B. eine kurze Fahrt mit der Stockholmer Metro ab 40 SEK. Wichtige Websites: *www.sl.se* (Stockholm), *www.vasttrafik.se* (Göteborg), *www.dalatrafik.se* (Provinz Dalarna).

ÖFFNUNGSZEITEN

Viele Geschäfte, vor allem Supermärkte, haben in Schweden bis abends (oft 21 Uhr) und auch samstags und sonntags geöffnet. Museen, Sehenswürdigkeiten und Vergnügungsparks haben je nach Saison stark variierende Öffnungszeiten. Zwischen Mitte Juni und Mitte August, wenn in Schweden Schulferien sind und die meisten Touristen das Land bereisen, haben alle deutlich länger geöffnet als außerhalb der Saison. Gerade in kleineren Orten öffnen Museen und Restaurants außerhalb des Sommers nur eingeschränkt.

POST

Das Porto für Postkarten und Briefe (bis 20 Gramm) weltweit kostet 12 SEK. Die Postfilialen sind in den vergangenen Jahren fast gänzlich verschwunden, dafür bieten viele Supermärkte und Kioske der Kette *Pressbyrån* Postdienstleistungen an.

PREISE

Schweden hat sich seit dem EU-Beitritt und dem gleichzeitigen Verzicht auf den Euro beim Preisniveau etwa dem europäischen Durchschnitt angenähert. Um davon richtig profitieren zu können, braucht es allerdings oft etwas Insiderwissen, Sprachkenntnisse sowie Buchungsgeschick. Buchen Sie auf jeden Fall Reisen und Übernachtungen möglichst frühzeitig und im Internet, besuchen Sie Restaurants zur Mittagszeit und nutzen Sie die weit verbreiteten Rabatte und Preisnachlässe für Kinder und Jugendliche. In Restaurants werden z. B. auf Anfrage oft Kinderermäßigungen gewährt, auch wenn sie auf keiner Menükarte auftauchen.

STROM

220 Volt Wechselstrom.

TELEFON & HANDY

Die Vorwahl für Schweden ist 0046. Vorwahl nach Deutschland: 0049, nach Österreich: 0043, in die Schweiz: 0041. Roaming, also die Nutzung des Handys im Ausland, kann teuer werden, muss es aber nicht! Ihr Handy bucht sich im Ausland automatisch in ein verfügbares Netz ein. Über den Menüpunkt „Netzwahl" können Sie manuell zu günstigeren Betreibern wechseln. Für einen längeren Urlaub lohnt sich der Kauf einer schwedischen Prepaid-Karte. Sie ermöglicht relativ günstiges Telefonieren innerhalb Schwedens. Besonders empfehlenswert ist *Telia*. Der Exmonopolist hat die beste Netzabdeckung und funktioniert auch in entlegenen Gebieten *(Verkauf an Kiosken und Geschäftsstellen von Telia | www. telia.se)*. Am günstigsten ist das Versenden von SMS. Riesige Kosten verursacht die Mailbox: Abschalten, bevor Sie Ihr Heimatland verlassen!

TRINKGELD

Trinkgeld in Cafés, Restaurants oder bei Taxifahrten ist in Schweden nicht so weit verbreitet wie in anderen Ländern. Gerade in Cafés bedient man sich ohnehin oft selber, und der Service lässt leider selbst in guten Restaurants oft zu wünschen übrig. Wo aber ordentlich bis gut am Tisch serviert wird, ist es auch in Schweden üblich geworden, um bis zu 10 Prozent des Preises aufzurunden.

UNTERKÜNFTE

Bei der Planung von Reisen und der Suche nach Unterkünften hilft die Website *www.map24.se.* Hier können Wegstrecken zwischen zwei beliebigen Orten in Schweden errechnet werden, gleichzeitig gibt es dort Tipps, wo am Rande des Weges preiswert übernachtet werden kann. Allerdings sind nicht alle Hotels verzeichnet.

CAMPINGPLÄTZE

Rund 600 Plätze hat der Schwedische Campingverband registriert. *www.camp ing.se.*

FERIEN AUF DEM BAUERNHOF

In über 300 Bauernhöfen in ganz Schweden sind Übernachtungsgäste willkommen. Oft wird ihnen neben Bett und Küche auch ein Aktivitätsprogramm geboten (Reiten, Kühe melken, Heuschobernacht etc.). Viele Höfe bieten zudem Mahlzeiten aus umweltgerecht vor Ort produzierten Lebensmitteln an. *www. bopalantgard.se*

FERIENHÄUSER & FERIENDÖRFER

Viele Ferienhäuser in Schweden werden über große Anbieter vermittelt und sollten vor allem in der Hauptsaison schon weit im Voraus gebucht werden. Informationen gibt es bei der *Schweden-Werbung für Reise und Touristik* sowie dem örtlichen Turistbyrå und in Reisebüros. Im Internet annoncieren zudem zahlreiche Privatpersonen, die Unterkünfte vermieten – eine sehr übersichtliche Website ist z. B. *www.stugknuten.com*. An vielen Stellen gibt es auch Feriendörfer *(semesterby)*. Diese Ansammlungen von preiswerten Hütten haben zumeist einfacheren Standard, liegen aber oft an schönen Orten, meist an einem See oder am Meer.

JUGENDHERBERGEN, B & B

Adressen von Jugendherbergen finden Sie beim schwedischen Touristenverein *(www.svenskaturistforeningen.se)* und dem Schwedischen Wanderheimverband *(www.svif.se)*. Preiswerte Bed-&-Breakfast-Unterkünfte können Sie sowohl in den Städten als auch auf dem Land finden.

ZEIT

In Schweden gilt die mitteleuropäische Zeit inklusive Sommerzeit.

ZOLL

Für die Ein- und Ausfuhr von Waren nach/von Schweden gelten die Bestimmungen der EU. Als Richtwerte für Ein- und Ausfuhr dienen folgende Mengen: 10 l Spirituosen, 20 l Dessertweine, 90 l Wein oder 110 l Bier. Hinzu kommen die generellen Obergrenzen von 800 Zigaretten oder 100 Zigarren *(www.tullverket.se)*. Bis auf Norwegen gehören alle nordischen und baltischen Nachbarländer der EU-Zollunion an.

WETTER IN STOCKHOLM

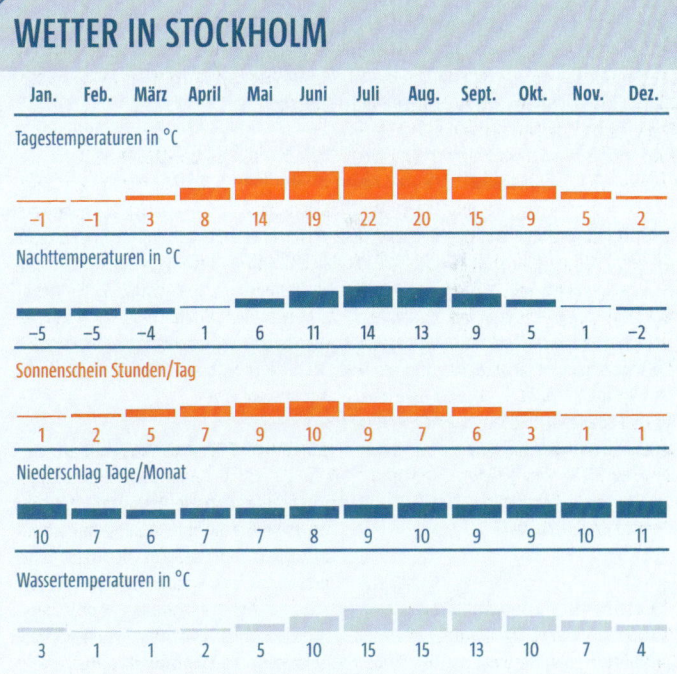

	Jan.	Feb.	März	April	Mai	Juni	Juli	Aug.	Sept.	Okt.	Nov.	Dez.
Tagestemperaturen in °C	−1	−1	3	8	14	19	22	20	15	9	5	2
Nachttemperaturen in °C	−5	−5	−4	1	6	11	14	13	9	5	1	−2
Sonnenschein Stunden/Tag	1	2	5	7	9	10	9	7	6	3	1	1
Niederschlag Tage/Monat	10	7	6	7	7	8	10	9	9	9	10	11
Wassertemperaturen in °C	3	1	1	2	5	10	15	15	13	10	7	4

SPRACHFÜHRER SCHWEDISCH

AUSSPRACHE

Zur Erleichterung der Aussprache sind alle schwedischen Wörter mit einer einfachen Aussprache (in eckigen Klammern) versehen. Im Schwedischen ist das persönliche „Du" üblich. Diesem Brauch wurde auch im vorliegenden Sprachführer gefolgt. Im Deutschen wurde jedoch das „Sie" beibehalten.

AUF EINEN BLICK

ja/nein/vielleicht	ja [ja]/nej [nei]/kanske [kannsche]
Bitte./Danke.	Varsågod. [wascheguud]/Tack. [tack]
Entschuldige./Entschuldigen Sie.	Ursäkta./Förlåt. [ührschäckta/förloht]
Wie bitte?	Ursäkta? [Ührschäckta]
Ich möchte .../Haben Sie ...?	Jag skulle gärna vilja ... [ja skülle järna willja ...]/Har du ...? [hah dü ...]
Wie viel kostet ...?	Hur mycket kostar ...? [hühr mücke koßta ...]
Das gefällt mir (nicht).	Det tycker jag (inte) om. [deh tücker ja (innte) omm]
gut/schlecht	bra [brah]/dåligt [dohligt]
Hilfe!/Vorsicht!/Achtung!	Hjälp! [jellp]/Se upp! [ßeh üpp]/Observera! [oppserrwehra]
Krankenwagen	ambulans [ammbuhlanß]
Polizei/Feuerwehr	polisen [pohlißenn]/brandkåren [branntkohren]

BEGRÜSSUNG UND ABSCHIED

Guten Tag!/Hallo!	Hej! [hej]
Guten Morgen!/Gute Nacht!	God morgon! [guh morronn]/God natt! [guh natt]
Auf Wiedersehen./Tschüss!	Hej! [hej]/Hej då! [hejdoh]
Ich heiße ...	Jag heter ... [ja hehter ...]
Wie heißen Sie?/Wie heißt Du?	Vad heter du? [wah hehter düh]

DATUMS- UND ZEITANGABEN

Montag/Dienstag	måndag [monndahg]/tisdag [tihßdahg]
Mittwoch/Donnerstag	onsdag [unnsdahg]/torsdag [tuhrschdahg]

Pratar du svenska?

„Sprichst du Schwedisch?" Dieser Sprachführer hilft Ihnen, die wichtigsten Wörter und Sätze auf Schwedisch zu sagen

Freitag/Samstag	fredag [frehdahg]/lördag [löhrdahg]
Sonntag/Werktag	söndag [ßönndahg]/vardag [wahrdahg]
heute/morgen/gestern	idag [ihdahg]/i morgon [ih morron]/igår [ihgohr]
Stunde/Minute	timme [timme]/minut [mihnüht]
Tag/Nacht/Woche	dag [dahg]/natt [natt]/vecka [wecka]
Monat/Jahr	månad [mohnahd]/år [ohr]
Wie viel Uhr ist es?	Vad är klockan? [wah ehr klockann]/Hur mycket är klockan? [hühr mücke ehr klockann]

UNTERWEGS

offen/geschlossen	öppet [öppet]/stängt [stennkt]
Abfahrt/Abflug/Ankunft	avgång [ahwgonng]/avgång [ahwgonng]/ankomst [annkommßt]
Toiletten Damen/Herren	toaletter [toaletter]/damtoalett [dahmtoalett]/herr-toalett [herrtoalett]
(kein) Trinkwasser	(inget) dricksvatten [ingett drickswatten]
Wo ist ...?/Wo sind ...?	Var är ...? [wahr ehr ...]
links/rechts	vänster [wenster]/höger [höhger]
geradeaus/zurück	rakt fram [rahkt frahm]/tillbaka [tillbahka]
nah/weit	nära [nähra]/långt [longt]
Bus/Straßenbahn	bus [buss]/spårvagn [spohrwang]/
U-Bahn/Taxi	tunnelbana [tunnelbahna]/taxi [taxi]
Parkhaus	parkeringshus [pahrkehringßhühß]
Bahnhof/Hafen	centralstationen [ßentrahlstaschjohnen]/hamnen [hammnenn]
Flughafen	flygplatsen [flühgplatßen]
Fahrplan/Fahrschein	tidtabell [tihdtabell]/biljett [biljett]
einfach/hin und zurück	enkel [enkell]/tur och retur [tühr ock rehtühr]
Zug/Gleis	tåg [tohg]/spår [spohr]
Ich möchte ... mieten.	Jag skulle gärna vilja hyra. [ja skülle järna willja hühra]
ein Auto/ein Fahrrad	en bil [ehn bihl]/en cykel [ehn ßückell]
ein Boot	en båt [ehn boht]
Tankstelle	mack [mack]/bensinstation [benßihnstaschjohn]
Benzin/Diesel	bensin [benßihn]/diesel [dihßell]
Ich habe eine Panne.	Min bil har gått sönder. [mihn bihl hahr gott ßönnder]

ESSEN UND TRINKEN

Reservieren Sie uns bitte für heute Abend einen Tisch für vier Personen.	Vänligen boka ett bord till fyra personer för i kväll. [wähnligen buhka ett buhrd till führa perrschohner föhr ikwell]

Die Speisekarte, bitte.	Menyn, tack. [mehnühn tack]
Könnte ich bitte ... haben?	Skulle jag kunna få ...? [skülle ja kunna foh ...]
ein Messer/eine Gabel/ einen Löffel	en kniv [ehn knihw]/en gaffel [ehn gaffell]/en sked [ehn schehd]
Salz/Pfeffer/Zucker	salt [sallt]/peppar [peppahr]/socker [ßocker]
Ich möchte zahlen, bitte.	Jag skulle gärna vilja betala, tack. [ja skülle järna willja behtahla tack]
Rechnung/Quittung	nota [nuhta]/kvitto [kwittu]

EINKAUFEN

Wo finde ich ...?	Var någonstans hittar jag ...? [wahr nonnstannß hittahr ja ...]
Ich möchte .../Ich suche ...	Jag skulle gärna vilja ha ... [ja skülle järna willja ha ...]/ Jag letar efter ... [ja lehtar effter ...]
Apotheke	apotek [apohtehk]
Bäckerei/Markt	bageri [bahgehrih]/torget [torrjett]
Supermarkt	stormarknad [s-tuhrmarknatt]
Zeitungsladen	pressbyrån [pressbührohn]
Spirituosengeschäft	systembolaget [süßtehmbuhlahgett]
100 Gramm/1 Kilo	ett hekto [ett hecktu]/ett kilo [ett chihlu]
mehr/weniger	mer [mehr]/mindre[minndre]

ÜBERNACHTEN

Ich habe ein Zimmer reserviert.	Jag har bokat ett rum. [ja hahr buhkatt ett rümm]
Haben Sie noch ...?	Har du ... kvar? [hahr düh ... kwahr]
Einzelzimmer	enkelrum [ennkellrümm]
Doppelzimmer	dubbelrum [dübbellrümm]
Frühstück	frukost [fruhkoßt]
Dusche/Bad	dusch [dusch]/bad [bahd]
Balkon/Terrasse	balkong [ballkong]/terrass [terrass]
Schlüssel/Zimmerkarte	nyckel [nückell]/nyckelkort [nückellkurtt]
Gepäck/Koffer/Tasche	bagage [bahgahsch]/väska [weßka]/väska [weßka]

BANKEN UND GELD

Bank/Geldautomat	bank [bannk]/bankomat [bannkohmaht]
Geheimzahl	kod [kohd]
Ich möchte ... Euro wechseln.	Jag skulle gärna vilja växla ... euro. [ja skülle järna willja wexla ... juhroh]
bar/ec-Karte/Kreditkarte	kontant [konntannt]/kort [kurt]/kort [kurt]
Banknote/Münze	sedel [ßehdell]/mynt [münnt]
Wechselgeld	växel [wexell]

GESUNDHEIT

Arzt/Zahnarzt/Kinderarzt	läkare [lähkarre]/tandläkare [tanndlähkarre]/barnläkare [bahrnlähkarre]
Krankenhaus/Notfallpraxis	sjukhus [schühkhühß]/akutmottagning/akuten [ackühtmuhttahgning/ackühtenn]
Fieber	feber [fehber]
Schmerzen	ont/smärtor [unnt/smärrturr]
Durchfall/Übelkeit	diarrhé [diarreh]/illamående [illamohennde]
entzündet/verletzt	inflammerat [inflammehrat]/skadat [skahdatt]
Mückenschutzmittel	myggmedel [müggmehdell]
Schmerzmittel/Tablette	smärtstillande medel [smärtstillande mehdel]/tablett [tablett]

TELEKOMMUNIKATION & MEDIEN

Briefmarke/Brief	frimärke [frihmerke]/brev [brehw]
Postkarte	vykort [wühkurt]
Ich suche eine Prepaidkarte für mein Handy.	Jag letar efter ett prepaidkort till min mobil. [ja lehtar effterr ett prihpejdkurt till mihn mohbihl]
Wo finde ich einen Internetzugang?	Var hittar jag tillgång till internet? [wahr hittahr ja tillgong till internet]
Steckdose/Adapter/Ladegerät	elkontakt [ehlkontakt]/adapter [adapter]/laddare [laddarre]
Computer/Batterie/Akku	dator [dahturr]/batteri [batterih]/batteri [batterih]
At-Zeichen („Klammeraffe")	snabel a [snahbell ah]
Internetadresse (URL)	URL [ü-err-ell]
E-Mail-Adresse	mailadress [mejladress]
Internetanschluss/WLAN	internetanslutning [internétanslütning]/trådlöst internet [trohdlöhst internet]

ZAHLEN

0	noll [noll]	20	tjugo [schügoh]
1	ett [ett]	30	trettio [tretti]
2	två [twoh]	40	fyrtio [führti]
3	tre [treh]	50	femtio [femmti]
4	fyra [führa]	60	sextio [sexti]
5	fem [femm]	70	sjuttio [schütti]
6	sex [sex]	80	åttio [otti]
7	sju [schüh]	90	nittio [nitti]
8	åtta [otta]	100	hundra [hünndra]
9	nio [nihju]	200	tvåhundra [twohhünndra]
10	tio [tihju]	1000	tusen [tühsenn]
11	elva [ellwa]	2000	tvåtusen [twohtühsenn]

REISEATLAS

Die grüne Linie ▬▬▬ zeichnet den Verlauf der Ausflüge & Touren nach
Die blaue Linie ▬▬▬ zeichnet den Verlauf der Perfekten Route nach

Der Gesamtverlauf aller Touren ist auch in
der herausnehmbaren Faltkarte eingetragen

Bild: Trollhättan

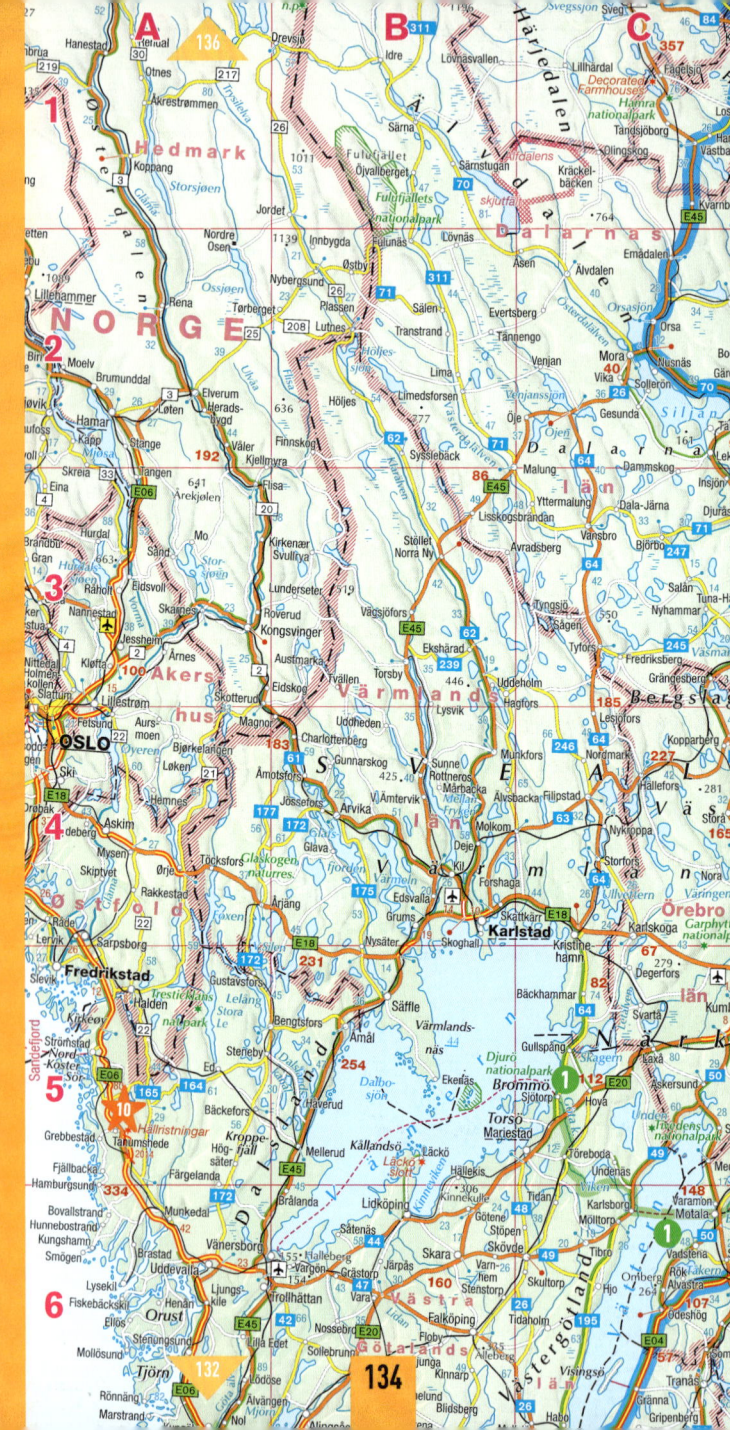

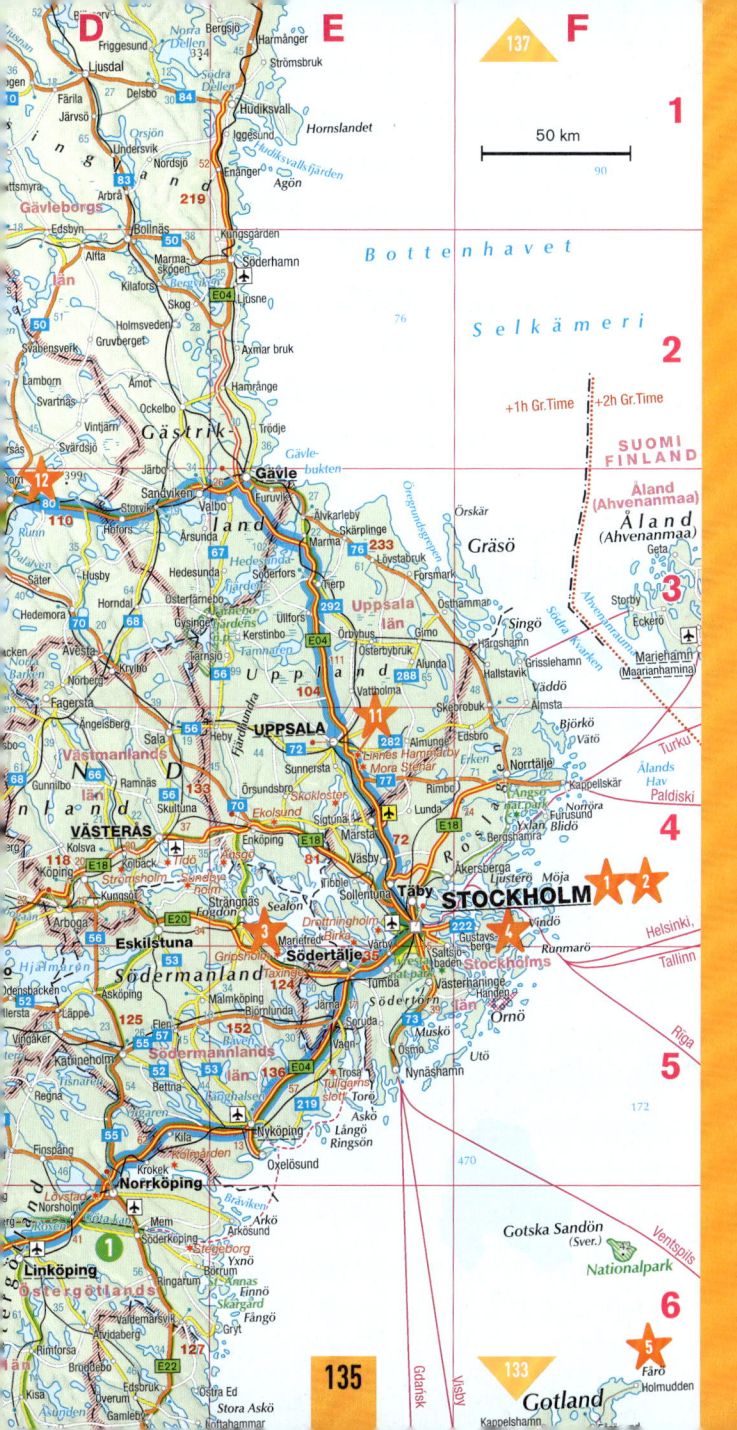

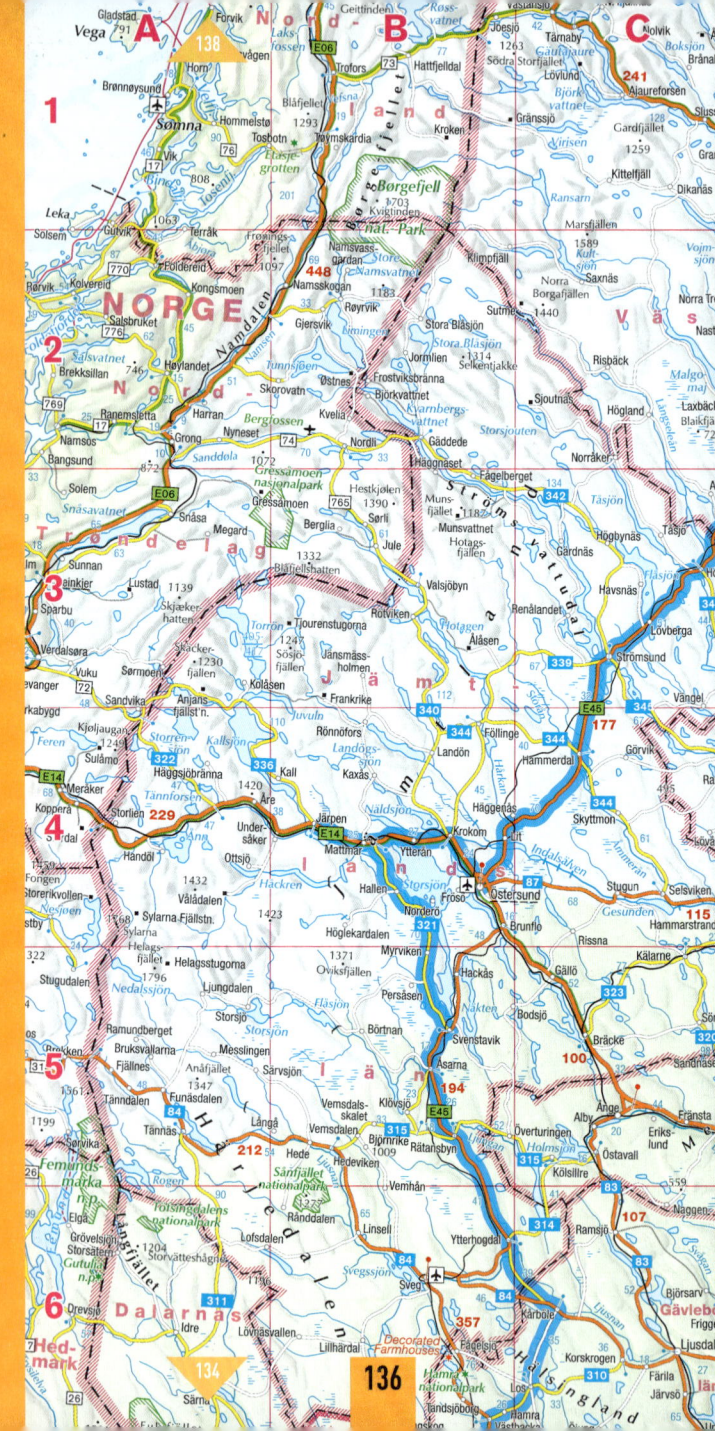

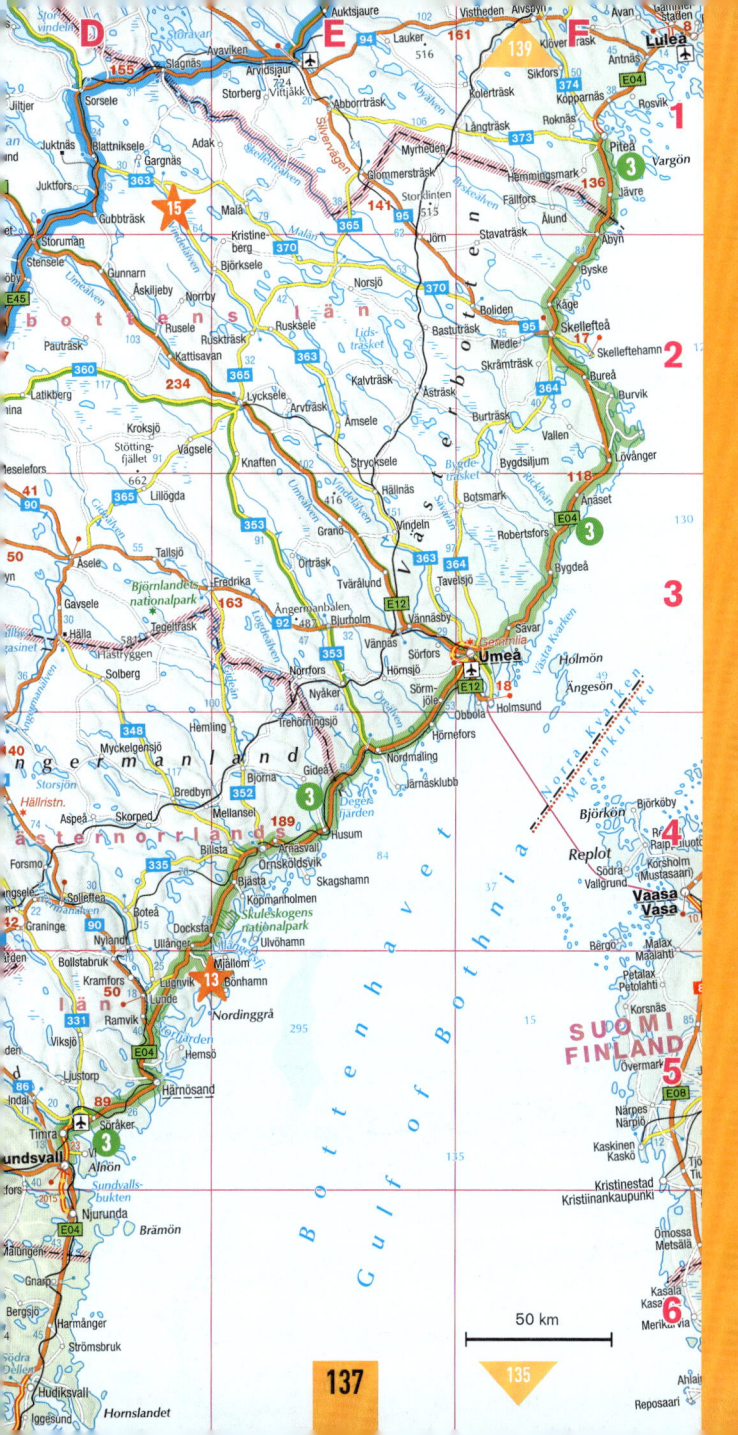

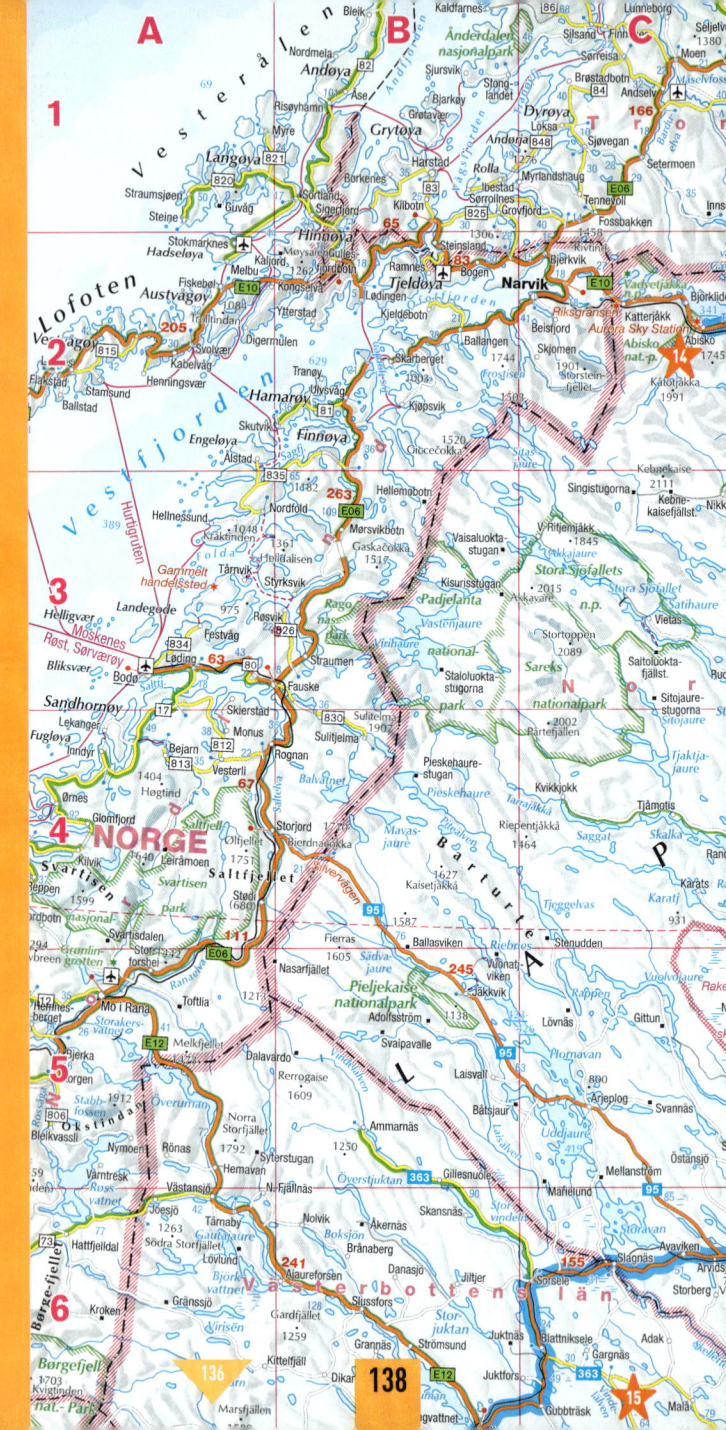

KARTENLEGENDE

Autobahn, mehrspurige Straße - in Bau Highway, multilane divided road - under construction	Autoroute, route à plusieurs voies - en construction Autosnelweg, weg met meer rijstroken - in aanleg
Fernverkehrsstraße - in Bau Trunk road - under construction	Route à grande circulation - en construction Weg voor interlokaal verkeer - in aanleg
Hauptstraße Principal highway	Route principale Hoofdweg
Nebenstraße Secondary road	Route secondaire Overige verharde wegen
Fahrweg, Piste Practicable road, track	Chemin carrossable, piste Weg, piste
Straßennummerierung Road numbering	Numérotage des routes Wegnummering
Entfernungen in Kilometer Distances in kilometers	Distances en kilomètres Afstand in kilometers
Höhe in Meter - Pass Height in meters - Pass	Altitude en mètres - Col Hoogte in meters - Pas
Eisenbahn - Eisenbahnfähre Railway - Railway ferry	Chemin de fer - Ferry-boat Spoorweg - Spoorpoort
Autofähre - Schifffahrtslinie Car ferry - Shipping route	Bac autos - Ligne maritime Autoveer - Scheepvaartlijn
Wichtiger internationaler Flughafen - Flughafen Major international airport - Airport	Aéroport importante international - Aéroport Belangrijke internationale luchthaven - Luchthaven
Internationale Grenze - Provinzgrenze International boundary - Province boundary	Frontière internationale - Limite de Province Internationale grens - Provinciale grens
Unbestimmte Grenze Undefined boundary	Frontière d'Etat non définie Rijksgrens onbepaalt
Zeitzonengrenze Time zone boundary	Limite de fuseau horaire Tijdzone-grens
Hauptstadt eines souveränen Staates National capital	Capitale nationale Hoofdstad van een souvereine staat
Hauptstadt eines Bundesstaates Federal capital	Capitale d'un état fédéral Hoofdstad van een deelstaat
Sperrgebiet Restricted area	Zone interdite Verboden gebied
Nationalpark National park	Parc national Nationaal park
Antikes Baudenkmal Ancient monument	Monument antiques Antiek monument
Sehenswertes Kulturdenkmal Interesting cultural monument	Monument culturel interéssant Bezienswaardig cultuurmonument
Sehenswertes Naturdenkmal Interesting natural monument	Monument naturel interéssant Bezienswaardig natuurmonument
Brunnen Well	Puits Bron
Ausflüge & Touren Trips & Tours	Excursions & tours Uitstapjes & tours
Perfekte Route Perfect route	Itinéraire idéal Perfecte route
MARCO POLO Highlight	MARCO POLO Highlight

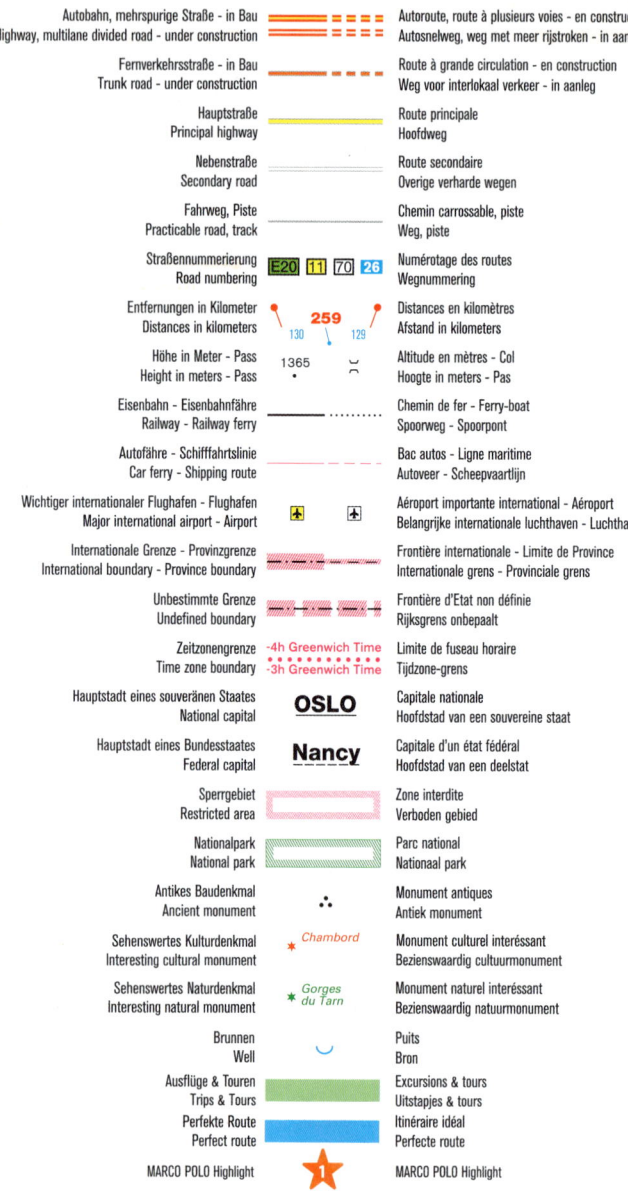

E20 11 70 26

259
130   129

1365

OSLO

Nancy

Chambord

Gorges
du Tarn

-4h Greenwich Time
-3h Greenwich Time

ALLE **MARCO POLO** REISEFÜHRER

REGISTER

In diesem Register sind alle im Reiseführer erwähnten Städte, Sehenswürdigkeiten und Ausflugsziele sowie einige wichtige Provinzen aufgeführt. Gefettete Seitenzahlen verweisen auf den Haupteintrag

BLOSS NICHT ✍

Auch in Schweden gibt es Dinge, die Sie lieber lassen sollten

EIN PRIVATHAUS UNGEFRAGT MIT SCHUHEN BETRETEN

In den Winter- und Herbstmonaten ist es in Schweden sehr feucht, und das Schuhwerk wird häufig schmutzig. Es ist deshalb üblich, Wohnungen nicht mit Schuhen zu betreten. Sie sollten vorher immer fragen, ob die Schuhe ausgezogen werden sollen.

ELCHSCHILDER ABMONTIEREN

Touristen, die Warnschilder von Fahrbahn querenden Elchen abmontieren, machen sich nicht nur strafbar, sondern auch äußerst unbeliebt. Die Elchschilder mögen zwar ein außergewöhnliches Souvenir sein, doch das Ansehen der Touristen bei den Einheimischen steigt durch solche Diebstähle nicht gerade.

DIE SCHWEDISCHE ORDNUNGSWUT KRITISIEREN

Schweden schätzen es, wenn alles wie am Schnürchen läuft. In der Post, der Apotheke, dem Bahnhof und an der Käsetheke wird nur bedient, wer zuvor ein *nummerlapp* gezogen hat. Sich über das System zu mokieren, ist ein Affront. Genauso wenig sollten Sie sich darüber lustig machen, dass die Schweden das Prinzip „Rechts stehen, links gehen" auf der Rolltreppe auch dann beherzigen, wenn es wahnsinnig voll ist und alles schneller gehen würde, würde die gesamte Treppe belegt.

DEN WOHLFAHRTSSTAAT IN FRAGE STELLEN

In keinem anderen Land der Welt werden so hohe Steuern erhoben wie in Schweden. Bis zum 22. August jedes Jahres arbeitet der Durchschnittsschwede für die Staatskasse. Umgekehrt wissen die Schweden aber sehr genau, wie sie von den Segnungen des mächtigen Zentralstaats profitieren. Diese starke Verbindung von Staat und Gesellschaft in Frage zu stellen, ziemt sich nicht – schon gar nicht für Ausländer oder Nicht-Sozialdemokraten. Auch die bürgerliche Regierung, die 2006 die Sozialdemokraten an der Macht ablöste, gebärdete sich bald als oberste Schutzmacht der sozialen Wohlfahrt. Die konservative Partei bezeichnete sich später gar als „neue Arbeiterpartei" des Landes.

SCHWEDEN MIT „SIE" ANSPRECHEN

Seit 30 Jahren sprechen sich alle Schweden mit „Du" an. Die „Du"-Reform löste die zwischen unterschiedlichen Gesellschaftsklassen unterscheidenden Anredeformen ab. Tiefergestellte Personen wurden zuvor mit einem herablassend empfundenen „Sie" (schwedisch „Ni") angesprochen, das vornehme Volk mit „Herr" und „Frau" plus Nachnamen angeredet. Heute sollten diese Formen geflissentlich vermieden werden. Einzige Ausnahme: Begegnet Ihnen ein Mitglied des Königshauses, bitte NICHT duzen, sondern nur in dritter Person ansprechen („Ist Ihre Majestät auch im Urlaub?").

SCHREIBEN SIE UNS!

SMS-Hotline: 0163 6 39 50 20

Egal, was Ihnen Tolles im Urlaub begegnet oder Ihnen auf der Seele brennt, lassen Sie es uns wissen! Ob Lob, Kritik oder Ihr ganz persönlicher Tipp – die MARCO POLO Redaktion freut sich auf Ihre Infos.
Wir setzen alles dran, Ihnen möglichst aktuelle Informationen mit auf die Reise zu geben. Dennoch schleichen sich manchmal Fehler ein – trotz gründ-

E-Mail: info@marcopolo.de

licher Recherche unserer Autoren/innen. Sie haben sicherlich Verständnis, dass der Verlag dafür keine Haftung übernehmen kann. Kontaktieren Sie uns per SMS, E-Mail oder Post!

MARCO POLO Redaktion
MAIRDUMONT
Postfach 31 51
73751 Ostfildern

IMPRESSUM
Titelbild: Schäreninsel, rote Häuser, Laif: Gerber
Fotos: DuMont Bildarchiv: Riehle (2 M.o., 2 M.u., 5, 6, 8, 9, 18/19, 32/33, 36, 38, 44/45, 46/47, 61, 62, 65, 70, 72, 79, 112); fotolia.com: contrastwerkstatt (16 M.); R. Freyer (2 o., 4, 20/21, 50/51, 75); S. Gabriel (Klappe r., 58, 118 o.); Mikael Genberg (16 o.); © Glowimages.com: Naturbild (M. Svensson) (130/131); U. Haafke (7, 22, 89, 100/101); Huber: Gräfenhain (10/11, 12/13, 30 r., 84), Huber (42), Römmelt (94); B. Kaufmann (1 u.); Laif: Daams (114), Galli (3 o., 15, 68/69, 87, 114/115), Gerber (1 o.), hemis.fr (26 l., 28, 29), Heuer (27), Hub (108), Kirchner (41), Kreuels (28/29, 34), Meier (82, 110/111), PhotoAlto (Lindberg) (26 r.), Riehle (49, 55), Rodtmann (24/25), Schulz (3 u., 92/93); Look: age fotostock (98), Dressler (Klappe l.), Martini (106/107), NordicPhotos (3 M., 80/81); mauritius images: Alamy (105), Birbrajer (97), Hart (2 u., 56/57), Hillestad (53), ib (fotosol) (30 l.); C. Nowak (67, 91, 102, 115); Scandic Karl Gabor (17 u.); Schapowalow: Nebe (119); Swedish Hasbeens AB: Ingemar Lindewall (16 o.); Talent Gallery: Sara Rosenquist (17 o.); Transglobe: Hytrek (118 u.); H. Wagner (77)

13. Auflage 2013
Komplett überarbeitet und neu gestaltet
© MAIRDUMONT GmbH & Co. KG, Ostfildern
Chefredaktion: Michaela Lienemann (Konzept, Chefin vom Dienst), Marion Zorn (Konzept, Textchefin)
Autor: Clemens Bomsdorf; Koautor: Bruno Kaufmann; Redaktion: Petra Klose
Verlagsredaktion: Anita Dahlinger, Ann-Katrin Kutzner, Nikolai Michaelis
Bildredaktion: Barbara Mehrl, Gabriele Forst
Im Trend: wunder media, München
Kartografie Reiseatlas: © MAIRDUMONT, Ostfildern; Kartografie Faltkarte: © MAIRDUMONT, Ostfildern
Innengestaltung: milchhof:atelier, Berlin; Titel, Titel, S. 1, Titel Faltkarte: factor product münchen
Sprachführer: in Zusammenarbeit mit Ernst Klett Sprachen GmbH, Stuttgart, Redaktion PONS Wörterbücher